Antje Joel
*Kriminell?*

Antje Joel, geboren 1966, arbeitet seit 1994 als freie Journalistin und Autorin. Ihre Texte erschienen unter anderem in der «Süddeutschen Zeitung», der «Brigitte», im «Tagesspiegel» und im «Spiegel». Sie erhielt zahlreiche Auszeichnungen, darunter den Axel-Springer-Preis und den Egon-Erwin-Kisch-Preis. Sie ist Dozentin für Gewaltprävention, Trauma, Kriminologie und Strafjustiz und forscht zu Machtstrukturen, Moralvorstellungen und wie wir sie rationalisieren.

Antje Joel

# Kriminell?

Die dunkle Seite der Innovation

brand eins books

# Inhalt

*Für Zoe.*
*Keep up the thinking.*

# Legale Geschäftspraktik oder Verbrechen? – Versuch einer Standpunktklärung

> «Die Polizei hat versucht, Verbrechen zu verhindern. Aber ohne kann sie nicht existieren.»
>
> PHILOMENA CUNK,
> «MOMENTS OF WONDER – CRIME», EPISODE 2

> «Selbst wenn ich von der Richtigkeit meiner Meinung fest überzeugt bin, wird sie am Ende nicht mehr als ein totes Dogma sein, eine formelhafte, gedankenlose Antwort – es sei denn, sie wird ausführlich, häufig und furchtlos diskutiert.»
>
> JOHN STUART MILL

Ob das moralisch vertretbar ist? Die Eigenschaften, Erfahrungen, Erkenntnisse und Praktiken von erklärten und, ja, erfolgreichen Kriminellen auf ihr Innovationspotenzial hin zu betrachten? Die Risikobereitschaft und Beharrlichkeit einer Menschenschmugglerin. Das Networking-Geschick eines Drogendealers und sein Gespür für Gelegenheiten. Die Art, wie es ein Wall-Street-Betruger verstand, ohne viel eigenes Zutun den Ruf einer vertrauenswürdigen Finanz-Koryphäe zu gewinnen und dieses Ansehen über Jahrzehnte zu wahren. Darf man das Potenzial, mit dessen Hilfe diese Menschen anderen teilweise schwer geschadet haben, überhaupt als Potenzial sehen? Ist es richtig, ihren Eigenschaften und Fähigkeiten einen Wert beizumessen – und diesen Wert für uns als Einzelne oder zusammen als Gesellschaft hier in Buchform zu propagieren?

Das kommt darauf an. Darauf, wie haarscharf Sie die Demarkationslinie ziehen wollen zwischen den Rechtschaffenen – das sind für gewöhnlich WIR. Und den Verbrechern – das sind die ANDEREN. Es kommt darauf an, was wir für Erfolg halten wollen. Welche Mittel uns gerechtfertigt scheinen, um ihn zu erreichen. Und wer diese Mittel einsetzen darf. Es kommt darauf an, wie Sie Innovation definieren. Als die Fähigkeit, eine passgenaue Lösung zu einem Problem zu finden? Oder eine Gelegenheit zu erkennen und sie effektiv zu nutzen? Und es kommt auf Ihre Bereitschaft an, weder das Problem noch die Lösung abseits der Innovation zu bewerten.

Das fällt bei einigen Verbrechen leichter als bei anderen, und dem soll hier durchaus Rechnung getragen werden. Obwohl zum Beispiel Ted Bundy ein überaus erfolgreicher (mehr als zehn Jahre tätig; gestand, 28 Frauen ermordet zu haben), innovativer (wie er das Vertrauen von Frauen gewinnen konnte, hatte er als Psychologiestudent bei einer Krisenhotline gelernt) und weltberühmter Serienmörder war (bis heute werden ihm Bücher, Dokumentationen und Spielfilme gewidmet), wollen wir ganz sicher nicht seinen Skill-Katalog auf allgemeine Geschäftstauglichkeit hin prüfen. Dennoch ist interessant, welche Faszination, ja Verehrung er auslöst – für den Kriminologen und Serienmörder-Experten Elliott Leyton war angesichts der Huldigung von Serienmördern erstaunlich, dass es nicht sehr viel mehr von ihnen gibt.

Wir haben eine seltsame Liebesbeziehung mit Verbrechen. Mord, Totschlag, Entführung, Bankraub, Anlagebetrug. Je größer und blutiger das Verbrechen, je grausamgenialer die Gangster, umso faszinierter von beiden sind wir. Verbrechen unterhalten – solange wir ihnen nicht selbst zum Opfer fallen. Unsere wachsende Obsession für Modern True Crime ist der jüngste Beweis. Das Genre hat sich innerhalb weniger Jahre zu einem Milliardengeschäft entwickelt. True-Crime-Dokumentationen schaffen es regelmäßig auf den ersten Platz unter den Netflix-Top-Ten und halten diese Position wochenlang. Die erste Crime Convention (CrimeCon) 2017 in Indianapolis, Indiana, und laut Eigenwerbung «eine immersive, mehrtägige Veranstaltung, die sich ganz dem Thema wahre Kriminalität und Rätsel widmet», hatte damals 800 Teilnehmer – im Jahr 2023 waren 5000 Besucher bei der CrimeCon in Orlando, Florida.

Laut CrimeCon-Statistik sind 82 Prozent der Besucher weiblich. Das Durchschnittsalter liegt bei vierzig Jahren, das durchschnittliche Haushaltseinkommen bei 175 000 Dollar. Die Eintrittspreise bewegen sich zwischen 379 Dollar (Standard), 799 Dollar (Gold VIP) und 1699 Dollar (Platinum VIP). Es vergnügen sich dort also vor allem Menschen, davon darf angesichts der Zahlen ausgegangen werden, die im wirklichen Leben eher selten mit Verbrechen und denen, die sie verüben, in Kontakt kommen. Oder: die selten mit einer bestimmten Art von Verbrechen und Verbrechern in Kontakt kommen. «Ich denke, es gibt viele Ursachen für Kriminalität. Aber wenn man sich anschaut, wo sie die größten Auswirkungen hat, dann in den ärmsten Schichten der Gesellschaft. Diejenigen, die im Strafrechtssystem landen, sind Menschen, die weniger Geld und weniger Chancen in unserer Gesellschaft haben», sagt Patricia Gallan, die ehemalige Vize-Polizeipräsidentin der Metropolitan Police (MET) in Großbritannien. Hat unser Begriff von Erfolg und unser Streben danach möglicherweise etwas damit zu tun?

Ein Auto, ein Haus, eine gute Ausbildung für die Kinder und eine gesicherte Rente: Der amerikanische Traum wird auch in Deutschland geträumt. «Er wurde schnell zum Verkaufsslogan für materiellen Komfort und (… den) Lebensstil der Mittelklasse», schreiben die Kriminologen Steven Messner und Richard Rosenfeld. Erfolgreich ist, wer es schafft, sich den Traum zu erfüllen. Egal, mit welchen Mitteln?

Der amerikanische Soziologe Robert Merton fand, dass institutionalisierte Werte – die als Grundlage für ein gemeinsames Ziel und damit die gesellschaftliche Ordnung gedacht sind – auch den gegenteiligen Effekt haben können, wenn sie vornehmlich in der Anhäufung von Wohlstand bestehen. Dann wirkten sie der Kontrolle entgegen, die wir uns von ihnen erhofften. Wenn hauptsächlich materieller Erfolg als Erfolg gilt, setze das diejenigen, die kaum Chancen haben, ihn mit legalen Mitteln zu erreichen, unter enormen Druck. «Betrug, Korruption, Laster, Verbrechen, der ganze Katalog verbotenen Verhaltens kommt (dann) immer häufiger vor.» Merton sah Menschen, die diese kulturellen Ziele verinnerlicht haben und teilen, sie aber mit illegitimen Mitteln erreichen, als Innovatoren. Der chancenarme Jugendliche, der stiehlt oder Drogen verkauft, um beim Besitzwettbewerb mitzuhalten. Der Börsenmakler, der über Jahrzehnte unbemerkt ein Ponzi-Schema betreibt und sich damit einen guten Ruf und Millionen verdient. Beide haben eine passgenaue Lösung für ihr Problem gefunden.

Letztlich geht es weder uns noch ihnen ums Materielle. Es geht um den Status, den uns Besitz verschafft. Es geht um Respekt. «Wer keine Möglichkeit hat, eine respektable Identität für sich aufzubauen und sich von der ‹respektablen Gesellschaft› verstoßen sieht, ist offen für eine Lösung dieses Problems», schreibt der australische Kriminologe John Braithwaite. Kriminalität und kriminelle Gruppen können diese Lösung bieten.

Erfolgreiche Kriminelle, das Thema ist selbst unter Kriminologen nahezu ein Tabu. «Verbrechen ist meist engstirnig, wird üblicherweise nicht zu Ende gedacht und bringt dem Täter keine oder nur kurzfristige Vorteile», urteilte der Soziologe Travis Hirschi Anfang der Neunzigerjahre. Diese Sicht hat sich nicht geändert. «Crime doesn't pay! Verbrechen lohnt nicht!», lautet die sprach- und kulturübergreifende Mahnung. Zugegeben: Es scheint aus verschiedenen Gründen nicht ratsam, sie in Zweifel zu ziehen und bis dato brave Bürger mit Erfolgsgeschichten zu einem Karrierewechsel zu verlocken. Nur wenige Forscher machen sich daran, kriminelle Erfolge zu erfassen. Erstens, so der Konsens unter vielen Kriminologen, müssen sich Studien auf die Geschnappten beschränken und sind somit nicht repräsentativ. Denn zu einer erfolgreichen Kriminellen-Karriere gehört schließlich auch, dass man/frau sich nicht schnappen lässt – oder? Zweitens sei Kriminellen nicht zu trauen. Sie bauschten ihre Erfolge auf. Machten mehr aus sich und ihren Gewinnen, als der Realität entspreche.

Verbrechen ist durch die Zeiten hindurch und über die Kulturen und Ideologien hinweg ein bewegliches Ziel. Dass wir noch vor knapp dreihundert Jahren anhand sogenannter Hexenproben Frauen als Hexen identifizierten (wenn sie, an Händen und Füßen gefesselt ins Wasser geworfen, nicht untergingen oder wenn sie über die Geschichte der Kreuzigung des Herrn Jesus nicht weinen konnten) und dass wir sie – sofern sie ihre Unschuld nicht durch Nichtsinken beweisen konnten – verurteilten, verbrannten oder ertränkten, erkennen wir heute als den Versuch von Kirche und Staat an, ihre Machtpositionen zu sichern. Hexenglaube und -verfolgung erscheinen heute den meisten von uns als lächerlich und barbarisch. Darüber, dass Homosexualität nicht mehr als krankhaft gelten oder strafbar sein soll, herrscht weniger Einigkeit. In vielen Ländern wird sie noch immer bestraft, mancherorts mit dem Tode. Und wie wir mit Menschen umgehen sollen, die Drogen nehmen, wissen wir gerade gar nicht

Starbucks, der Kaffee-Gigant, macht in Großbritannien seit Jahren Schlagzeilen, weil er trotz Milliardeneinkünften jeweils nur ein paar Milliönchen Steuern bezahlt.

mehr. Stecken wir sie in den Knast oder in die Therapie? Oder sollen wir es locker sehen und den Drogengebrauch legalisieren?

Starbucks, der Kaffee-Gigant, macht in Großbritannien seit Jahren Schlagzeilen, weil er trotz Milliardeneinkünften jeweils nur ein paar Milliönchen Steuern bezahlt. 1998 öffnete das erste Starbucks-Café in London. Fünfzehn Jahre und 764 Cafés später wurde bekannt, dass Starbucks im Steuerjahr 2011/12 keinen Penny Gewerbesteuer gezahlt hatte. Trotz eines Umsatzes von 400 Millionen Pfund im Jahr 2012. Seit Eröffnung des ersten Cafés im Königreich hatte Starbucks drei Milliarden Pfund Umsatz gemacht. Im selben Zeitrahmen zahlte das Unternehmen 8,6 Millionen Pfund Steuern, 0,3 Prozent seines Gesamtumsatzes. Dem Finanzamt hatte die Kette 14 Jahre lang Verluste vorgerechnet – ganz legal.

Nach Druck aus der Öffentlichkeit und von einigen Politikern bot Starbucks 2013 an, «in einem beispiellosen Akt mehr beizutragen», als seine gesetzliche Pflicht sei. Über die folgenden zwei Jahre werde das Unternehmen darum 20 Millionen Pfund Steuern zahlen.

Und wie hat Starbucks seine Steuerschuld optimiert? Zum einen, indem es seinen Tochtergesellschaften – also sich selbst – in Niedrigsteuerländern Tantiemen für die Nutzung des Namens Starbucks in Rechnung stellte, und diese Tantiemen an sich selbst zahlte. Zum anderen, indem es Kaffeebohnen über die Schweiz und Niederlande importierte. In der Schweiz waren dafür ohnehin kaum Steuern fällig, mit den Niederländern hatte Starbucks einen Steuer-Deal ausgehandelt. Und zuletzt, indem es seine Unternehmen in Großbritannien komplett über Schulden finanzierte. Alles zusammen vollkommen legale Methoden – und unter Megagewinnlern Usus. Auch Google, Amazon und Facebook machen astronomische Gewinne und finden legale Wege, um lächerlich geringe Steuern zu zahlen.

Wie verbrechensbereit sind also Unternehmer? Und wie bereit ist der Staat, unsere oberste Institution für den Schutz von Recht und Ordnung, Verbrechen zu goutieren oder sich daran, auf die eine oder andere Weise, zu beteiligen? 2010 starben in den USA 4547 Menschen bei der Ausübung ihrer Arbeit. 3,9 Millionen verletzten sich bei Arbeitsunfällen und erkrankten arbeitsbedingt. Die Kommission für Verbrauchersicherheit (Consumer Product Safety Commission) verzeichnete im selben Jahr mehr als 29 000 Todesfälle im Zusammenhang mit Verbrauchsgütern. «Selbst wenn nur einer von zehn dieser Vorfälle das Resultat eines kriminellen Vergehens oder eines Regelverstoßes ist, wären das noch immer weit mehr Todesfälle und Verletzungen, als jedes Jahr durch Morde und schwere Überfälle verursacht werden», schreiben die Kriminologen Steven Messner und Richard Rosenfeld. Tatsächlich seien zehn Prozent eine höchst konservative Schätzung der Todesfälle und Verletzungen, die im direkten Zusammenhang mit gefährlichen Jobs, Produkten und einem unsicheren Arbeitsumfeld stehen. Studien legen nahe, dass ein Drittel bis die Hälfte aller arbeitsbedingten Unfälle auf Verbrechen oder Regelverletzungen durch Arbeitgeber zurückzuführen sind. Diese Zahlen, zusammen mit den wirtschaftlichen Folgen von White Collar Crime, kommentierte James Coleman, der führende Analyst von Wirtschaftsverbrechen so: «White Collar Crime ist in jeder erdenklichen Hinsicht unser größtes Verbrechensproblem.»

Kaum einer der Arbeitgeber wird je vor Gericht gestellt, geschweige denn verurteilt. Ist das ein Beweis für einen Schulterschluss der Mächtigsten im Land, im Staat und der Wirtschaft, gegen die Schwächeren in der Gesellschaft, und somit ein Verbrechen? Oder braucht es, damit der Laden läuft, das Risiko und das Opfer Einzelner, weil eine florierende Wirtschaft und ein hohes Bruttosozialprodukt schließlich allen dienen? Der CDU-Politiker Jens Spahn hat im Oktober 2023 den Einsatz von körperlicher Gewalt gegen Flüchtlinge an Europas Grenzen für gerechtfertigt erklärt. Ist das eine notwendige Maßnahme, um uns, unsere Werte, gegen den Ansturm der anderen zu schützen? Oder sind der Ausschluss und die Dämonisierung von Migranten mit all den, oft fatalen, Konsequenzen ein Staatsverbrechen?

Können wir, sollten wir die Politiker zur Rechenschaft ziehen für die, wie es scheint, zunehmende Recht- und Gnadenlosigkeit in unserer Gesellschaft?

Wissenschaftler von Ethical Systems an der New Yorker Stern School of Business sind besorgt über die Offenheit, mit der sich in einer Umfrage vor allem jüngere Unternehmer in den USA und England zu einer gewissen Aufgeschlossenheit gegenüber illegalen und unethischen Praktiken bekannten. Je mehr sie verdienen, umso mehr Erfah-

Vermutete Honoré de
Balzac richtig, dass
hinter jedem großen
Vermögen ein ebenso
großes Verbrechen steht?

rung mit Illegalität haben sie. Hatte Sokrates also recht, dass derjenige, der mehr Wert auf das Geldverdienen legt, die Tugend weniger schätzt? Vermutete Honoré de Balzac richtig, dass hinter jedem großen Vermögen ein ebenso großes Verbrechen steht?

Über ein Drittel der Befragten, die eine halbe Million Dollar und mehr im Jahr verdienen, gaben an, Zeuge illegaler Praktiken an ihrem Arbeitsplatz geworden zu sein oder direkt von ihnen gewusst zu haben. Sie bekannten zudem, dass es in den betreffenden Firmen üblich sei, potenzielle Whistleblower zum Schweigen zu bringen, etwa durch interne Strukturen, die eine Anzeige illegaler Praktiken erschweren. Oder indem man sie gleich zum Kündigungsgrund macht.

«Das sind schlechte Nachrichten», kommentierte Linda Trevino, Professorin an der Penn State University, den Report. «Aber ist irgendjemand von diesen Ergebnissen überrascht?» Wir haben keinen Anlass zu glauben, dass sich das ethische Bewusstsein von Unternehmern seit der Finanzkrise 2008 gebessert habe, sagt Trevino. «Keiner der Verantwortlichen sitzt im Knast. Die Firmen haben eine kleine Strafe gezahlt und dann wie bisher weitergemacht.» Und sie hätten ihre Bemühungen, Whistleblower stumm zu halten, verschärft.

Die New Yorker Wissenschaftler kommen zu dem Schluss, dass Schummeln, Fehlverhalten, Betrug und andere Formen unethischen Verhaltens weit verbreitet sind. «Nicht nur in der Geschäftswelt. Sondern auch im Sport, in Regierungen und vielen anderen Bereichen. Es kommt weit häufiger vor, als den Leuten bewusst ist.» Studien legen nahe, dass sich die meisten von uns unethisch verhalten würden – wenn die Umstände es ermöglichen. Oder wenn sie es erzwingen. Dass eine der Forscherinnen nun in dem Verdacht steht, die Ergebnisse ihrer Studien gefälscht zu haben, kann man als Anlass nehmen, an den Ergebnissen zu zweifeln. Oder als letztgültigen Beweis für ihre Richtigkeit.

Wie haarscharf wir die Demarkationslinie ziehen zwischen Rechtschaffenheit und Verbrechen, zwischen uns und den anderen, ist oft keine Frage von Schuld und Schaden. Und auch nicht von Regeln und Gesetzen, die allen dienen, und ob sie tatsächlich gebrochen wurden.

Es ist eine Frage von Moral. Also: Politik.

# Von Genen und Aufzucht: Was oder wer macht uns innovativ – oder kriminell?

> «Wir sind alle so exzellente Heuchler, wir schaffen sogar, uns dazu zu bringen, uns selbst zu glauben.»
>
> JONATHAN HAIDT, «THE RIGHTEOUS MIND»

Um ein Haar wäre Keith Richards ein Buchhaltertyp geworden. Ein Banker, ein Beamter. Und dagegen wäre nichts einzuwenden. Aber persönlich finde ich es schon gut, dass aus dieser grundsoliden Beinahe-Karriere für Richards im letzten Moment nichts wurde. Und er, statt in einem Büro, als kettenrauchender, drogenfroher Gitarrist der Rolling Stones auf der Bühne landete. Da möchte man fast an Karma glauben – aber tatsächlich lag es wohl eher ein kleines bisschen an Richards Genen. Und zu einem weit größeren Teil an seinem Chor- und seinem Schulleiter.

In seiner Autobiografie «Life» erzählt Richards von seinem Werdegang. Er war dreizehn und einer von drei wohlerzogenen Chorknaben am technischen Gymnasium in Dartford für Jungen in der englischen Grafschaft Kent. «Wir waren die drei besten Sopranos im Südosten.» Sie gewannen regelmäßig Gesangswettkämpfe mit anderen

Schulen. Der Chorleiter ließ sie vom Unterricht freistellen, damit sie zu immer angeseheneren Wettbewerben in ganz England fahren konnten. «All diese goldenen Pokale und Urkunden, die wir für den Chor gewannen. Die Schule verteilte sie überall in der Versammlungshalle.» Dann kamen die Jungs in die Pubertät, und ihre Stimmen brachen. Der Chorleiter hatte nicht länger Verwendung für sie.

Die Schulleitung ordnete an, dass Richards und seine Mitsänger ein ganzes Schuljahr wiederholen müssten, wegen der vielen Stunden, die sie verpasst hatten, während sie auch für die Schule Pokale und Ansehen gewannen. «Wir wurden einfach so ftttphhttrrrp – ausgesaugt. Es war nicht fair, es war ein Tritt ins Gedärm.» Damit war die Saat für Rebellion gesät, schreibt Richards. «Vorher war's immer nur ‹Jawoll, Sir, nein, Sir›. Das änderte sich dann.» Sein Lebensweg schlug eine neue, politisch motivierte Richtung ein:

*«In dem Augenblick wurden Terry, Spike und ich zu Terroristen. Ich war so wahnsinnig wütend, ich brannte auf Rache. Ich hatte guten Grund, dieses Land und alles, wofür es stand, zu vernichten. Die nächsten drei Jahre brachte ich mit dem Versuch zu, sie alle kaputt zu machen. Wenn du einen Rebellen heranziehen willst, dann mach es haargenau so ...»*

Der italienische Psychiater Cesare Lombroso (1835–1909) glaubte und lehrte, dass Regelbrecher, also Kriminelle, degenerierte Menschen seien, die sich schon am Aussehen erkennen lassen. Er unterteilte sie in vier Haupt-Typen: 1. geborene Kriminelle mit «atavistischen», rückschrittlichen Merkmalen wie einer kurzen, abgeflachten Stirn und zusammengewachsenen Augenbrauen, 2. verrückte Kriminelle, zu denen er «Idioten, Schwachsinnige, Paranoide, Epileptiker und Alkoholiker» zählte, 3. opportunistische Kriminelle, die sich vor allem von Gelegenheiten leiten ließen – eine genetische Disposition zu dieser Verleitbarkeit vorausgesetzt, und 4. Kriminelle aus Leidenschaft, die Gefühle wie Wut, Liebe, Ehre als eine «unwiderstehliche Macht» erlebten und sich von ihr zu Verbrechen treiben ließen.

Klingt nach nahezu nationalsozialistischer Ideologie? Tatsächlich nutzten auch die Nazis Lombrosos Ideen. Ungeachtet dessen, dass der Psychiater Sozialist und Jude war, und mit den besten Absichten über Verbrechen und Verbrecher theorisierte: Lombrosos erklärtes Ziel war, die Kriminologie zu reformieren. Er glaubte, das ginge am besten mit «Objektivität».

Über die folgenden Jahrzehnte gab es zahlreiche Versuche, Verbrechen biologisch zu erklären. In den Sechzigerjahren glaubten Genetiker, dass ein zweites Y-Chromosom schuld sei an aggressivem Verhalten. In den Neunzigern untersuchten Forscher in den Niederlanden die Gene einer Familie, deren männliche Mitglieder über Jahrzehnte alle ein hochaggressives und kriminelles Verhalten gezeigt hatten: Schlägereien, versuchte Vergewaltigung, Brandstiftung. Die Forscher kamen zu der Überzeugung, dass ein defektes X-Chromosom aggressiv und die Betroffenen zu

Verbrechern mache. Ihre Schlussfolgerungen gelten als widerlegt: Bestimmte genetische Voraussetzungen allein könnten nicht zu Aggression und einer kriminellen Karriere führen. Dafür brauche es zusätzlich kriminogene Lebensumstände und Erfahrungen, fanden Forscher in den 2000er-Jahren. US-Richter versuchen in Zusammenarbeit mit Neurowissenschaftlern weiter, mögliche biologische Ursachen zu finden. Veränderungen im Gehirn oder neurochemische Fehlentwicklungen vielleicht.

Die Geisteswissenschaft versuchte, Verbrecher auf andere Art zu verstehen. Der Psychologe John Bowlby befand, dass eine fehlende oder fehlgeleitete Bindung zur Hauptbezugsperson eines Kindes in den ersten Lebensjahren zu irreparablen Schäden führe. Schuld an der späteren kriminellen Karriere eines Kindes ist nach dieser Theorie, wen wundert's, vornehmlich die Mutter. Albert Bandura glaubte, dass Kinder ihre sozialen Vorbilder kopieren, verbrecherische Vorbilder inklusive. Ähnlich sah es Travis Hirschi, Kriminologe und Vater der Theorie der Sozialkontrolle: Vernachlässigte oder misshandelte Kinder wüchsen eher zu Verbrechern heran, während Kinder, die strikt beaufsichtigt und für Fehlverhalten bestraft würden, später eher in der Lage seien, den Versuchungen von Verbrechen zu widerstehen.

So verschieden die Erklärungsansätze auf den ersten Blick sind, eine Botschaft haben sie alle gemein: Verbrecher sind anders! Sie sind nicht wie wir!

Eine 2023 veröffentlichte Studie befand, dass Tätowierungen ihre Träger noch heute pauschal verdächtig machten: Tätowierte Menschen haben ein höheres Risiko, verhaftet, verurteilt und inhaftiert zu werden, auch wenn sie sonst keine der Eigenschaften zeigen, die gemeinhin als Risikofaktoren für Kriminalität gelten. Die Probanden hatten sich nie zuvor zu Verbrechen bekannt, zeigten keine Anzeichen von mangelnder Selbstkontrolle, sie hatten keine kriminellen Freunde, waren nicht von Sozialhilfe oder Arbeitslosengeld abhängig. Und sie waren nicht schwarz oder gehörten sonst einer als verdächtig stigmatisierten Menschengruppe an. Es scheint, als haben wir uns von Lombrosos Denken nicht allzu weit wegbewegt: «Tätowierungen sind ein Ausdruck von Respektlosigkeit gegenüber Autorität, für Rachlust, obszöne Ausdrucksweise und Abbildungen, für Mitgliedschaft in geheimen kriminellen Vereinigungen und kryptische, undefinierbare Wortwahl», schrieb er. Und schloss daraus, dass Tätowierte eine Vorliebe hätten für «wildes und primitives Benehmen».

Der Kriminologe Travis Hirschi sah Verbrechen als Kombination aus Gelegenheit und mangelnder Selbstkontrolle. Letztere ergebe sich aus einer Reihe «unerwünschter Eigenschaften»: Impulsivität, Egoismus, Jähzorn, Risikosucht und mangelnde Einsicht in die Konsequenzen des eigenen Handelns. Tatsächlich muten die Lebensgeschichten derjenigen, die bei Verbrechen erwischt werden, oft trostlos an. Es scheinen tatsächlich überwiegend Menschen mit mangelnder Selbstkontrolle zu sein. Unfähig, sich auszudrücken oder langfristige Beziehungen einzugehen. Interesse haben sie scheinbar nur an sich selbst, und an Verbrechen. Viele von ihnen haben Jahrzehnte verschwendet an Alkohol, Drogen und Knast. Ihre Entscheidungen tun ihnen so furchtbar leid wie sie sich selbst. Verbrechen lohnt nicht! Sie sind der Beweis – oder?

Carlo Morselli, Kriminologe von der University in Montreal, Kanada, provozierte mit einem anderen Bild. Seine langjährigen Studien gründete er auf zwei innovativen Ansätzen: Erstens seien nicht alle Verbrechen gleich, auch nicht bezüglich ihrer Erfolgsaussichten und ihres tatsächlichen Erfolgs. Zweitens sollten wir Kriminellen glauben, wenn sie sich für kompetent und erfolgreich in ihrem Geschäft erklären. Morsellis gesammelte Daten legten das uns Undenkbare bedrohlich nahe: Ein bedeutender Teil der Kriminellen erzielt langfristig exzellente Gewinne. Weil sie unentdeckt bleiben, nehmen wir ihren Erfolg nicht zur Kenntnis. Was wir zu sehen bekommen, ist die im Vergleich geringe Anzahl an Kriminellen, die geschnappt und verurteilt werden. Das ist wie mit den wenigen Tellerwäschern, respektive Videobloggern und anderen modernen Glücksrittern, die tatsächlich zu Millionären werden. Und die wir als ultimativen Beweis dafür nehmen, dass es jeder schaffen kann. Wenn er sich nur bemüht.

Andere Forscher, von Morsellis Ansatz und Ergebnissen inspiriert, fanden, dass die Erfolgskriminellen nicht zu unserem Bild vom typischen Kriminellen passen. Sie sind keine Underdogs, keine sozialen Außenseiter. Der britische Kriminologe Mike Salinas nennt sie «unübliche Ver-

Ob wir Buchhalter oder
Rebellen werden, ist so
wenig Zufall wie unsere
politische Haltung.

dächtige». Er schreibt ihnen viele der Eigenschaften von legal erfolgreichen Geschäftsleuten zu: Sie sind einfallsreich und denken unternehmerisch. Sie planen vorausschauend und umfassend. Sie praktizieren verschiedene Techniken, um nicht entdeckt zu werden. Sie nutzen ihre Fähigkeiten und ihre Erfahrung für den Auf- und Ausbau sozialer Netzwerke und positionieren sich darin so, dass sie sich bietende Gelegenheit für Verbrechen umgehend nutzen können. Kriminelles Kapital, die Kombination aus Kontakten, Wissen, Erfahrung und Fähigkeiten, optimiert Erfolg und Gewinne. Und schützt zuverlässig vor Entdeckung.

Ob wir Buchhalter oder Rebellen werden (möglich, dass es auch rebellische Buchhalter gibt, aber weil ich sie noch nicht getroffen habe, scheue ich mich nicht, hier zwischen diesen beiden zu differenzieren), ist so wenig Zufall wie unsere politische Haltung, sagen Moralpsychologen und Neurowissenschaftler. «Ideologie – das sind die gesammelten Glaubensgrundsätze über die richtige Gesellschaftsordnung und wie diese Ordnung zu erreichen ist», schreibt der Moralforscher Jonathan Haidt. Die wählen wir nicht nach Lust und Laune. Unsere Ansichten über freie Marktwirtschaft, Drogengebrauch, über Flüchtlingspolitik und Kriminalität sind wenigstens zu einem Drittel, womöglich sogar zur Hälfte genetisch bedingt. Wie wir aufwachsen, maßgeblich: Wie andere uns sehen, wie sie uns begegnen, das mache den Rest unserer Lebenseinstellung aus.

Bei einer Genom-Analyse von 13 000 Australiern fanden Wissenschaftler mehrere Gene, die sich unterscheiden – je nachdem, ob sie die Gene von liberal oder konservativ denkenden Menschen sind. Die meisten dieser Gene sind an die Funktion von Neurotransmittern gekoppelt: Botenstoffe, die Erregung von einer Nervenzelle auf die andere übertragen. Vor allem regeln sie die Transmitter, die für unsere Reaktion auf Bedrohung und Angst zuständig sind: Glutamate und Serotonin. «Diese Beobachtung deckt sich mit vielen anderen Studien, die zeigen, dass konservative Menschen stärker auf Gefahrenzeichen reagieren als liberale Menschen», schreibt Haidt. Bei liberal denkenden Menschen dagegen fänden sich eher Gene, die an den Neurotransmitter Dopamin gekoppelt sind. Wissenschaftler sehen ihn in Verbindung mit Offenheit für neue Erfahrungen und mit Sensationslust.

Auch wenn der Effekt jedes einzelnen Gens winzig ist, legen die Ergebnisse doch eine mögliche Nähe von bestimmten Genen und einer politischen Haltung nahe. Zusammengenommen folgern sie, dass einige Menschen mit Gehirnen ausgestattet sind, die mehr (oder weniger) auf Gefahren reagieren und denen es weniger (oder mehr) Freude bereitet, wenn sie Neuerungen, Veränderungen oder neuen Erfahrungen ausgesetzt sind. Entscheidend ist: Diese Gene legen nicht fest, wie wir uns entwickeln. Sie bilden lediglich die unterste Basis unserer Persönlichkeit. Sie versehen uns mit Nuancen von Eigenschaften – ein bisschen erlebnisfreudiger, etwas ängstlicher –, die sich im Laufe unseres Lebens nicht groß verändern. Dazu kommt unsere persönliche Entwicklung, das, was wir Lebenserfahrung nennen.

Hätte der Chorleiter seine Soprane nicht fallen lassen, als die Sopranstimme schwand, hätte der Schulleiter nicht verlangt, dass die Jungs das verlorene Schuljahr wiederholten – vielleicht wäre aus Keith Richards ein Buchhaltertyp geworden, trotz seiner vermutlich eher liberalen Gene.

Forscher fanden: Zwar sind Regelbrecher eher mit Gehirnen ausgestattet, die starke Reize brauchen. Aber ihr krimineller Werdegang war nicht durch ihre Gene vorgeschrieben. Sie waren, wie wir alle, prewired (voreingestellt). Nicht hardwired (festeingestellt). «Unsere Gene statten unser Gehirn im Vorgriff auf spätere Erfahrungen mit einer Basiseinstellung aus», sagt Haidt. Erst unsere spezifischen Erfahrungen und Lebensumstände führen dazu, ob wir beispielsweise den Sensationshunger unseres Gehirns mit Bungee-Jumping befriedigen. Mit Drogenschmuggel. Oder indem wir aus einer Garage heraus ein weltweites und milliardenschweres Versandgeschäft aufbauen.

In Keith Richards brennt das alte Rebellenfeuer weiter. Das Chorleiter-Erlebnis habe ihn dauerhaft dazu gebracht, die Welt anders zu sehen. Nicht länger so, wie die anderen sie sahen. «Ich erkannte damals, dass es weit schlimmere Bullys gibt als nur einfache Bullys, Und zwar sie: die Autoritäten.» Wenn man so will, ist Richards mit seiner Entwicklung zum Anarcho-Rockstar mit einem blauen Auge davongekommen: Eine Aversion gegen Autorität gilt als ein Hauptindikator für die Anfälligkeit für eine kriminelle Karriere.

Moral ist ein Schwert mit zwei Schneiden. Sie kann Gemeinsinn schaffen. Verbindlichkeit, eine gemeinsame Intention, die einvernehmlichen Regeln folgt. Und sie kann eine Bresche in die Gesellschaft schlagen, eine unüberwindlich scheinende Kluft schaffen zwischen den ideologischen Lagern. Während unsere moralischen Glaubensgrundsätze uns freundlich stimmen gegenüber jenen, die sie teilen, machen sie uns oft umso feindseliger gegenüber den Andersdenkern. Jede Seite fühlt sich der anderen moralisch überlegen.

Ist es in Ordnung, gegen Gesetze zu verstoßen? Nein, wird ein konservativ denkender Mensch eher sagen. Regeln sind die Stützen unserer Gesellschaft. Während die liberale Antwort wahrscheinlich lautet: Wenn es ein schlechtes Gesetz ist, ja. Oder fragen Sie einen Liberalen, was Fairness ist: Wenn die Ressourcen auf alle verteilt werden. Die konservative Auffassung von Fairness ist: Jedem, was er verdient. Streut mein hart erarbeitetes Geld nicht als Sozialhilfe unters faule Volk!

Die Entscheidung über solche und andere moralische Fragen fassen wir in Millisekunden, sagt Haidt. Für den Rest der Zeit sind wir damit beschäftigt, unsere Entscheidung zu begründen. Vor uns selbst. Und vor anderen. Er vergleicht Rationalität, oder was wir dafür halten, mit einem winzigen Reiter, der auf einem Elefanten (unserer moralischen Intuition) sitzt und die Aufgabe hat, ihn zu lenken. Das Problem ist, dass dieses gewichtige Tier längst

Das ist die Grundfrage
aller Ideologien: Sollen
wir sie beibehalten?
Oder sollten wir, müssen
wir etwas ändern?

seine Richtung eingeschlagen hat. Der Reiter macht meist nicht mehr, als den Elefanten auf Kurs zu halten. Auch wenn neue Informationen womöglich längst einen Richtungswechsel erfordern.

Das ist die Grundfrage aller Ideologien: Sollen wir sie beibehalten? Oder sollten wir, müssen wir etwas ändern?

Damals, als wir noch Frauen als Hexen verbrannten, forderte der niederländische Arzt Johann Weyer eine Reform des Strafrechts. Er zweifelte nicht etwa an der Existenz von Hexen. Er hatte auch nichts dagegen, dass sie verbrannt oder ertränkt wurden. Was Weyer besorgte, war die Glaubwürdigkeit der Hexenproben (Sie erinnern sich: Frauen, die über das Schicksal des armen Herrn Jesus nicht weinen konnten, waren einwandfrei Hexen). Ältere Menschen, speziell Frauen, erlitten bisweilen eine Verengung des Tränenkanals, schrieb Weyer. Die mache es ihnen unmöglich zu weinen. «Stellen Sie sicher, dass Sie nicht eine arme ältere Person abfackeln, nur weil deren Tränenkanal nicht mehr funktioniert.»

Der Neurowissenschaftler (und Zyniker) Robert Sapolsky sieht in dieser «nun wirklich liberalen Reform der Strafjustiz» und wie sie sich «auf eine winzige Ecke innerhalb eines komplett irrwitzigen Glaubensmonuments beschränkt» Parallelen dazu, wie wir noch heute unser Strafrecht reformieren: Wir fokussieren uns, wenn's denn gar nicht mehr anders geht, zähneknirschend auf einen winzigen, wissenschaftlich bewiesenen Part. Und versuchen ihn, in unser Manifest von richtig und falsch zu passen. Ein

Ziehen und Zerren zwischen Wissen und Glauben. Wir *wissen*, dass Alkoholismus genetisch bedingt ist. Und *glauben*, dass ein so vorbelasteter Mensch dann eben den Willen aufbringen muss, nicht zu trinken. Wir *wissen*, dass Schizophrenie biologische Ursachen hat. Und *glauben*, dass, wer daran leidet, die Stimmen, die seine Biologie ihn hören macht, ignorieren muss.

Weyers Buch «De Praestigiis Daemonum», mitsamt seiner Hexenproben-Kritik, wurde nicht nur von der katholischen Kirche verboten, sondern auch von den führenden Reformern seiner Zeit. Das Aufrechterhalten der Illusion, dass wir richtig entschieden und gehandelt haben, vor uns selbst und anderen, ist uns wichtiger, als tatsächlich richtig zu handeln. Was wir für Vernunft halten, ist in Wirklichkeit unser innerer Pressesprecher, sagt Haidt. Wie ein wirklicher Pressesprecher habe er nicht die Aufgabe, die Wahrheit zu finden. Seine Aufgabe ist es, uns gut aussehen zu lassen, egal, welcher Ideologie wir anhängen. Kein Wunder: Eine gute Reputation ist, nicht nur im darwinistischen Sinne, überlebenswichtig. Im Privaten wie im Geschäftlichen. In legalen wie in illegalen Geschäften.

Es folgt darum Erfolgsrezept Nummer eins: Bauen Sie sich einen ausgezeichneten Ruf auf. Keine Sorge, unsere Eitelkeit macht das weitaus leichter, als es vielleicht klingt.

# Blendwerk – Wie man mit Sozialkapital und schönem Schein Milliarden macht

«Erst wenn Ebbe ist, kannst du sehen, wer nackt schwimmt.»

WARREN BUFFETT

«Das Gesetz, in seiner majestätischen Gleichheit, verbietet sowohl Reichen wie Armen, unter Brücken zu schlafen, auf der Straße zu betteln und Brot zu stehlen.»

ANATOLE FRANCE

Im März 2009 wird der Hedgefonds-Manager Bernard Lawrence Madoff unter anderem wegen Geldwäsche, Meineid, Betrug und Diebstahl zu 150 Jahren Haft verurteilt. «Bernie» Madoff ist zur Zeit seiner Verhaftung 70 Jahre alt. Er hat die ihm von Investoren anvertrauten Gelder nicht gewinnbringend angelegt, sondern die versprochenen hohen Gewinne aus immer neuen Anlagegeldern von immer neuen Kunden gezahlt. Er hat Tausende Menschen um zusammen mehrere Milliarden Dollar gebracht. Hat teils ihre Lebensersparnisse geplündert und vielen die Zukunft zerstört, während er selbst im unfassbaren Luxus schwelgte.

Das Ponzi-Schema, mithilfe dessen Madoff seine Kunden beraubte, wurde vor rund hundert Jahren erstmals von Charles Ponzi betrieben. Ponzi-Schemen sind Pyramiden- oder Schneeballsysteme: Die paar wenigen Erst-Investoren an der Spitze der Pyramide machen Gewinn, durch Einnahmen von der wachsenden Zahl nachkommender Investoren. Die können ihrerseits nur profitieren, wenn es immer mehr und mehr Investoren gibt. «Diese Nachkömmlinge kann man getrost als ‹Trottel› bezeichnen», schreibt der Psychologe und Evolutionsbiologe David P. Barash. «Ihr Gewinn basiert nicht auf einer soliden Realität, sondern ist abhängig von einer weiteren Runde unternehmerischer Kunstgriffe.»

Es mag uns angesichts der Zerstörung, die sie anrichten können, schwer verdaulich erscheinen, aber: Schneeballsysteme sind nicht grundsätzlich schlecht. Sie sind nicht notwendigerweise ein Verbrechen. Niemand wird zwingend durch sie körperlich oder finanziell verletzt, anders als beispielsweise bei Mord oder Raub. «Die Investoren an der Spitze machen tatsächlich Gewinne, und es gibt keinen garantierten Zeitpunkt, zu dem spätere Anleger zwangsläufig verlieren werden», schreibt Barash. Das Problem ist, dass Schneeballsysteme nicht nachhaltig sind. Weil sie keine wirklichen Gewinne machen, ist ihr Zusammenbruch garantiert. Mit Barashs Worten: «Es ist einfach unmöglich, einen endlosen Vorrat an Trotteln zu rekrutieren.»

Die wenigsten dieser Systeme überdauern ein Jahr. Madoff konnte seins über Jahrzehnte am Laufen halten. Es war das, bis dato, längste und umfangreichste Ponzi-Schema der Geschichte. «Das Ponzi-Schema aller Ponzi-Schemen», nannte es ein Analytiker. Ein Coup, der in die Betrugsgeschichte Amerikas eingehen wird. Beziehungsweise: längst darin eingegangen ist. Madoffs Betrug prägte einen neuen Begriff unter amerikanischen Börsenmaklern: «To be madoffed – gemadoffed werden» ist jetzt ein Synonym für «abgezogen werden.»

Maßgeblich für Madoffs kriminellen Langzeiterfolg war seine exzellente Reputation. Sie beruhte unter anderem darauf, dass er, neben seinem Betrugsbusiness, ein legales Anlagegeschäft betrieb. Er hatte mit dem Aufbau von beiden in jeweils einem engen Kreis von Freunden und Partnern begonnen und sie schließlich zu einem Anlage-Magnet für weltweite Berühmtheiten ausgebaut. Zu Madoffs Kunden zählten die Schauspielerin Zsa Zsa Gabor, der Regisseur Steven Spielberg oder der Schauspieler John Malkovich. Die meisten Kunden hatten ihn nie persönlich getroffen. Sie hatten nur von ihm gehört: ausschließlich das Beste. Dass Madoff ein Magier im Umgang mit Geld sei. Eine Autorität. Ein innovatives Genie. In Wirklichkeit war Madoff in erster Linie ein exzellenter Menschenkenner und ein dementsprechend gewiefter Manipulator.

Gäbe man uns einen magischen Ring, der uns und unsere Taten unsichtbar machte, würden wir auf dem Pfad der Tugend bleiben? Oder verlockte die Aussicht, unentdeckt zu bleiben, uns zu Verbrechen? «(Wer ...) ohne Scheu sogar vom Markte weg nehmen dürfte, was er wollte, und in die Häuser hineingehen und beiwohnen, wem er wollte, und morden und aus dem Gefängnis befreien, wen er wollte, und überhaupt handeln wie ein Gott unter den Menschen.» Keiner wäre so unbestechlich, dass er diese Gelegenheiten nicht wahrnähme, war Platons Bruder Glaukon überzeugt, solange kein anderer davon erfährt und er weiterhin als aufrichtig gilt. Umfragen geben ihm recht: Vor die Wahl gestellt, ob wir lieber Schurken sind, die für feine Menschen gehalten werden, oder feine Menschen, die als Schurken verunglimpft werden, entscheiden sich die meisten von uns für die erste Option. Unsere Reputation ist uns wichtiger als die Realität. Das ist nicht verwerflich. In evolutionsbiologischer Hinsicht ergibt es Sinn: Ein anerkanntes Mitglied einer Gruppe zu sein, ist für uns seit Urzeiten überlebenswichtig. Wenn auch heute mehr im sozialen als im darwinistischen Sinn.

«Reputation kann sich nicht in einem offenen System entwickeln», schrieb der Soziologe James Coleman. Dafür brauche es einen geschlossenen Kreis. Es braucht Nähe. Gleiche. Das hohe Maß an Vertrauen, das nur unter Gleichen wächst. Bei seinen Untersuchungen des Diamantenmarktes in New York fand Coleman, dass die Händler einander oft Steine von hohem Wert zur Prüfung überließen. Die Unterhändler durften die Diamanten mit nach Hause nehmen, ohne Sicherheiten zu hinterlegen. Sie hätten sie leicht austauschen oder stehlen können. Aber da alle Beteiligten der gleichen jüdischen Gemeinde angehörten, die gleiche Synagoge besuchten und untereinander heirateten, wäre ein Betrug sie teuer zu stehen gekommen. Er hätte sie ins Gerede gebracht. Hätte sie ihr Ansehen gekostet. Und im Endeffekt alle familiären, religiösen und kommunalen Kontakte. Ein Risiko, das keiner von ihnen eingehen würde. Dessen fühlten sich alle im Kreis sicher.

Im Grunde sind Anstand und Ehrlichkeit im Geschäftsleben – illegal oder nicht – ein Ausdruck von Eigeninteresse. Macht sie das wertlos? Unter legalen genauso wie unter illegalen Umständen? Oder dürfen wir, müssen wir differenzieren? Wenn eine Menschenschmugglerin, deren Kunden in einem Drittland gestrandet sind, diesen Kunden jedem 1000 Dollar bringen lässt, damit sie sich über Wasser halten können und die Schmugglerin nicht ins Gerede bringen, also: damit sie nicht ihrem Ruf und Geschäft schaden – ist dieser Akt wertlos? Weil er in erster Linie Eigeninteresse, nicht Fürsorge entspringt? Macht es ihn sogar böse, weil er eine Voraussetzung und ein Werkzeug für ihr Verbrechen ist? Oder kann uns die Absicht egal sein, weil der Effekt für die Kunden das Entscheidende ist?

Das Problem mit Eigeninteresse ist, dass keiner uns garantieren kann, dass die Verfolgung dieses Interesses irgendwann in Verbrechen umschlägt. In Diebstahl, Unterschlagung oder Gewalt.

Madoff verfolgte seine Interessen, indem er betrog. Er war Mitglied der jüdischen Gemeinde in New York. Auch für ihn waren diese ersten engen sozialen Kontakte wertvolles Startkapital. Die Erfahrungen und der Umgang mit ihnen diente ihm, wie uns allen, um sich zunächst ein

Selbstbild aufzubauen. Dann eine diesem Selbstbild entsprechende Reputation. Madoffs erste Betrugsopfer waren jüdische Freunde, die er während eines Urlaubs in den Catskill Mountains kennengelernt hatte. Über die Jahre und Jahrzehnte weitete er sein Revier kontinuierlich aus: 39 Prozent aller amerikanischen Juden erklärten sich auf die ein oder andere Art von Madoffs Betrügereien betroffen. Am Ende zählten zu seinen Opfern Menschen aus allen ethnischen Gruppen und sozialen Klassen.

Soziales Kapital ist die Summe unserer gemeinsamen Werte und Ressourcen, die es uns erlauben, als Gruppe zusammenzuarbeiten, um ein gemeinsames Ziel schneller zu erreichen. Es beschreibt auch die Möglichkeit oder Fähigkeit, sich Ressourcen, Vergünstigungen oder Informationen von persönlichen Kontakten – oder über sie – zu sichern. In der Wirtschaft ist der Begriff üblicherweise mit der Erwartung verbunden, dass sich die Investition in soziale Kontakte im Sinne des Wortes auszahlen wird. Alles in allem erscheint uns soziales Kapital als feine Sache. Auch Soziologen und Wirtschaftswissenschaftler sehen soziales Kapital oft in einem ausschließlich positiven Licht. Genau darin liegt das Problem, warnen andere. Sie mahnen, die dunklen Seiten des hochgelobten Sozialkapitals nicht außer Acht zu lassen.

Vertrauen schafft Verletzlichkeit. Zusammenschluss bedeutet immer auch Ausschluss. Jener ANDEREN, die nicht zu UNS gehören. Verbindlichkeit birgt das Risiko, dass wir von denen, die zu uns gehören, zu viel erwarten und fordern. Und umgekehrt: das Risiko, dass zu viel von uns erwartet und gefordert wird. Der Kleinstunternehmer, der von seinen Mitarbeitern verlangt, dass sie klaglos (und unbezahlt) die eine oder andere Überstunde machen – weil sie doch alle wie eine Familie sind. Die Krisenhotline, deren Mitarbeiter komplett unentgeltlich arbeiten – weil sie doch alle einem höheren Zweck verpflichtet sind. Die Start-up-Unternehmerin, die erwartet, dass ihre Mitarbeiter auf das erste Gehalt über Wochen oder gar Monate geduldig warten – weil sie, um vorwärtszukommen, schließlich alle an einem Strang ziehen müssen.

Multi-Milliarden-Dollar-Firmen haben die Nutzung dieses Verbindlichkeitsgefühls perfektioniert und zum Teil ihrer Unternehmensstrategie gemacht. Statt ihren Mitarbeitern ein angemessenes Gehalt zu zahlen, die Arbeitsbedingungen zu verbessern oder Arbeitszeiten im vertraglichen Rahmen zu halten, schicken sie ihnen alle paar Wochen ein Päckchen mit Badesalzen, Tee, Schokolade, einer Kuscheldecke und anderem Wohlfühl-Schnickschnack. «Granfalloon» nannte der amerikanische Schriftsteller Kurt Vonnegut Gemeinschaften, die auf Verbindlichkeitsgefühl und den daraus abgeleiteten Regeln gründen: «Eine stolze und bedeutungslose Gruppe von Menschen», die zu dem Glauben angehalten werden, dass sie eine gemeinsame Identität und Absicht haben. Auf dieser leeren Basis werden sie verpflichtet. Vonnegut nannte als Beispiele: «Die kommunistische Partei, die Elektrizitätsgesellschaft – und jede Nation, überall auf der Welt, zu jeder Zeit.»

Konformität bedeutet einen Verlust persönlicher Freiheit. Sie bedeutet das Herabsetzen von Normen und Niveau. All das zusammen bildet den idealen Nährboden für Mauscheleien und Grenzüberschreitungen jeder Art. Und schließlich für Verbrechen. Das zu beachten, kann nicht nur vor Verbrechern schützen. Es kann einen Unternehmer auch davor bewahren, selbst zum Verbrecher zu werden.

Bernie Madoff verstand es, sich die richtigen Kontakte zu suchen, sie für seine Reputation zu nutzen und den größtmöglichen Profit aus diesem Kapital zu schlagen. Er baute Kontakte gezielt im außergeschäftlichen Rahmen auf. Zum einen machte das seine Absichten schwerer durchschaubar. Schließlich hatte man sich zufällig im Privaten kennengelernt. Zum anderen umging er damit Menschen, die sich mit Börsengeschäften auskannten und seinen Schwindel leicht hätten entlarven können. Er wandte sich gezielt an karitative Einrichtungen, installierte sich in deren Vorstandsriege und steigerte so sein Ansehen in zweierlei Hinsicht: Zum einen brachte ihm sein karitativer Stunt Kontakte in der High Society, die er wiederum nutzte, um seine Reputation zu polieren. Zum anderen machte sein Auftritt als Wohltäter und Menschenfreund ihn nahezu unangreifbar.

Als im Oktober 2011 der britische Entertainer und Nationalheilige Jimmy Savile im Alter von 84 Jahren starb, löste das zunächst eine Volkstrauer aus. Unter den vielen, die Savile für seine Verdienste priesen, waren King Charles, damals noch Prinz, und seine Frau Camilla; Jeremy Hunt, seinerzeit Kulturminister, heute Finanzminister; der Komiker Ricky Gervais und der Dokumentarfilmer Louis Theroux. Savile war Radio- und Fernsehmoderator, ein Allround-Entertainer, mehr als 50 Jahre lang das bekannteste Gesicht im britischen Fernsehen. Berühmt für seine Zigarren, raschelnden Trainingsanzüge und getönten Brillen. Verehrt vor allem für seine unvergleichlichen Erfolge beim Eintreiben von Spenden und für seine vermeintliche Großzügigkeit: 40 Millionen Pfund sammelte er zeit seines Lebens für Krankenhäuser, Kinderheime und karitative Einrichtungen.

Dass viele die Person Savile zweifelhaft und sein Auftreten abstoßend fanden – beispielsweise als er vor Fernsehkameras forderte, dass man ihm als Ausgleich für seine Spendenmühen sechs junge Frauen zur Verfügung stelle – konnte seiner Reputation nichts anhaben. Die Königin hatte ihn zum Ritter geschlagen, und der Papst hatte ihn dekoriert. Seine Beerdigungsredner lobten sein «farbenfrohes und wohltätiges Leben», das nur aus «übergroßem Geben bestand». Dafür sei ihm die «ultimative Belohnung sicher – ein Platz im Himmel.» Ein Jahr darauf klangen die Huldigungen wie Hohn.

Recherchen von Medien und der Polizei hatten ergeben, dass Savile nicht nur der größte Spendeneintreiber Großbritanniens war. Er war auch das bis dato bekannte größte menschliche Raubtier im Land: ein Mann, der geschätzte 1000 Kinder vergewaltigt und missbraucht hatte. Nach seinem Tod meldeten sich immer mehr Opfer – einige zum ersten, viele zum wiederholten Mal. Die Lobpreisungen waren ihnen unerträglich.

Es ist kein Zufall,
dass Großbritanniens
größter Spenden-
eintreiber auch sein
berüchtigtster
Pädophiler ist.

Politiker, Medienhäuser, darunter die BBC, und angesehene wohltätige Institutionen hatten die Vorwürfe über Jahrzehnte ignoriert. «Weil Savile in der Öffentlichkeit als der ultimative gute Samariter dastand oder als jemand, dessen Wohlwollen man nicht riskieren durfte, wurden seine Opfer angehalten zu schweigen, wenn sie ihn anzeigen wollten», schreibt der britische Soziologe Jon Dean. «In erster Linie wollten die Einrichtungen nicht die Unterstützung dieser medialen Schlüsselfigur und ihre Spendeneintreibekraft verlieren.»

Jimmy Saviles Image als Menschenfreund und Wohltäter stand nicht im Gegensatz zu Savile, dem Verbrecher, wie wir in unserem Entsetzen über solche Entdeckungen gern glauben wollen. Tatsächlich geht beides oft Hand in Hand. Ähnlich wie bei Madoff war es auch Saviles übermenschliche Reputation, die ihm seine Verbrechen ermöglichte. «Es ist kein Zufall, dass Großbritanniens größter Spendeneintreiber auch sein berüchtigtster Pädophiler ist», schließt Dean. Wie Savile hätte auch Madoff Jahre früher gestoppt werden können. Sein Ansehen und Status schützten auch ihn nicht vor Entdeckung. Sie schützten ihn vor Entlarvung.

Der zertifizierte Betrugsermittler Harry Markopolos, von seiner Firma beauftragt, Madoffs Erfolgsstrategie zu analysieren, sagt, er habe innerhalb von fünf Minuten erkannt, dass es sich um Betrug handelte. Zwanzig Minuten brauchte er, um den Betrug einwandfrei zu beweisen. «Madoffs Gewinnkurve stieg in einem 45-Grad-Winkel an.

Solche Graphen gibt's nur im Geometrieunterricht.»
Nicht in der Wirtschaft. Markopolos besprach seine Ergebnisse mit anderen Experten. Sie kamen zu dem gleichen Schluss. Er zeigte Madoff über die Jahre wiederholt bei der Behörde für Börsensicherheit (SEC) an, insgesamt 30-mal. Immer wieder fürchtete er, darüber seinen Job zu verlieren. Madoff wirkte ungestört weiter. Sein Erfolg war nicht nur zu schön, um wahr zu sein. Er war auch zu schön, um ihn öffentlich als unwahr zu entlarven. Sein Pyramidensystem brach schließlich nur zusammen, weil in der Finanzkrise 2008 die großen Investoren ihr Geld ausbezahlt bekommen wollten, um damit andere, durch die Krise offengelegte Fehlinvestitionen auszugleichen. Ihr Vertrauen in Madoff war ungebrochen.

«Die Aufdeckung einer Anzahl von ungeheuerlichen Betrugsschemen und Betrügern war eines der wenigen positiven Ergebnisse der letzten Finanzkrise», schreibt der Experte für Wirtschaftsethik Paul Manning.

Dass Verbrecher wie Savile und Madoff es verstehen, virtuos auf der Klaviatur des sozialen Kapitals zu spielen und es für ihre Zwecke zu nutzen, heißt nicht, dass dieses Kapital und seine Nutzung grundsätzlich etwas Schlechtes sind. Wie Innovation ist auch soziales Kapital neutral. Wir alle machen es uns zunutze. Im Geschäftlichen wie im Privaten. Es ist unser Hang, in ihm und seiner Nutzung ausschließlich Positives zu sehen, die es gefährlich machen. Es sind nicht nur die Verbrecher, die uns damit gekonnt an der Nase herumführen. Oft betrügen wir uns damit selbst.

Sowohl Madoff wie Savile wussten ihre karitativen Kontakte auch auf direkte Art finanziell zu nutzen. Madoff erkannte in den liquiden, erstklassig vernetzten und, was Börsengeschäfte anging, ahnungslosen Philanthropen die ideale Klientel. Er wusste, wie er sich präsentieren musste, damit sie und andere Ahnungslose ihn als vertrauenswürdigen Gleichen annahmen. Konservativ denkende Menschen lieben Recht und Ordnung und den Status Quo? Sie scheuen Neuerungen und Risiken? Madoff wusste dem Rechnung zu tragen. «It takes one to know one», sagt das englische Sprichwort. Um den anderen zu kennen, musst du sein wie er. Ein selbstloser Menschenfreund und aufopfernder Familienvater. Einer, der keinen auffallend protzigen Lebensstil führte – Madoffs Markenzeichen war so konservativ wie seine Klientel.

Er und seine Familie waren klug, gebildet, bewundert und respektiert. Aufrechte Amerikaner, Stützen der Gemeinde. Madoff und seine Anlagestrategie schienen das Gegenteil von riskant. Sie erschien seinen Kunden verlockend beruhigend. Seine Renditen, im Schnitt zehn Prozent im Jahr, waren gut, aber nicht verdächtig hoch. Sie lagen im Rahmen dessen, was ein guter Börsenmakler mit Glück und Geschick erreichen konnte. Wenn man darüber hinwegsah, dass Madoff sie regelmäßig, Jahr für Jahr erreichte. Madoff, mit seinen offen konservativen Werten und einer ebensolchen Weltsicht, bewegte sich als Gleicher unter

Gleichen. Als liberaler Outsider wäre er seinen Klienten verdächtig erschienen.

Er rühmte sich als Selfmade-Makler. Er habe sein Geschäft mit 5000 Dollar Startkapital aufgebaut, mit Börsenmaßstäben gerechnet also aus dem Nichts. Das Geld habe er sich als Rettungsschwimmer an den Stadtstränden von New York verdient. Und nein, es war nicht alles nur Schall und Rauch: Madoffs legale Firma hatte sich schnell als eine der größten, unabhängigen Wertpapier-Investmentgesellschaften in den USA etabliert. Im Jahr 2000, auf dem Höhepunkt der Internetblase, verfügte das Unternehmen über Vermögenswerte von rund 300 Millionen US-Dollar. Zudem war Madoff ein branchenbekannter IT-Experte: Er hatte den Nasdaq an der New Yorker Börse miteingeführt, das weltweit erste elektronische Börsensystem. Und er beriet die Sicherheitskommission (SEC) im Betrieb des Systems.

Madoff machte die Aufnahme in seinen Investoren-Klub zu einem Privileg. Wer ihm sein Geld anvertrauen wollte, musste Referenzen bringen. Wer es in den Kreis geschafft hatte, wurde zum Rekruter, von Madoff angehalten, aktiv neue Kunden zu werben. Kaum einer war bereit, seine Aufnahme durch Zweifel zu gefährden. Auch die Reputation der Börse als eines der am strengsten regulierten und überwachten Unternehmen in den USA, wog Interessenten und Investoren in Sicherheit. Es war ihnen unvorstellbar, dass Madoffs Investmentbusiness ein Betrugsbusiness war! Tatsächlich besteht die strenge Überwachung nur auf dem Papier, schreibt der Wirtschaftsethiker

Manning. «Madoffs exklusiver Klub stand jedem offen, der dumm genug war, mit ihm zu investieren.» Nach außen aber war Madoff ein Abbild von Kompetenz und Integrität. Es war schwer, wenn nicht unmöglich, vor diesem Hintergrund seine Absichten zu hinterfragen. Der Boom tat sein Übriges.

«In guten Zeiten sind die Leute entspannt, vertrauensvoll, und Geld ist reichlich vorhanden. Vor diesem Hintergrund nehmen Veruntreuungen zu, immer weniger dieser Betrügereien werden entdeckt, und so steigen sie ins Extreme», schreibt der Wirtschaftsexperte John Kenneth Galbraith in seinem Klassiker «The Great Crash 1929». Während einer Depression sei es umgekehrt. «Das Geld wird mit Argusaugen bewacht. Der Mann, dem es anvertraut wird, wird von vornherein als unehrlich verdächtigt, bis er das Gegenteil von sich beweisen kann. Das verbessert die kommerzielle Moral enorm.»

Nach dem Börsenkollaps 1929 verkehrte sich innerhalb weniger Tage das «universelle Vertrauen» in ein «universelles Misstrauen». Buchprüfungen wurden angeordnet. Gestresstes Verhalten von Angestellten wurde als verdächtig notiert. Und wer der Veruntreuung überführt wurde, hatte das in ihn gesetzte Vertrauen ein für alle Mal verspielt. Diese Regel gilt auch in anderen Kreisen.

Die Soziologin Patricia Adler, die in den Siebzigerjahren in einer Drogenschmuggler- und Dealer-Gemeinde in Südkalifornien lebte und deren Geschäftsgebaren erforschte (oft selbst am Rand der Legalität), fand heraus, dass auch für ihre Probanden eine exzellente Reputation eine der wichtigsten Voraussetzungen für Erfolg war. «Um es in der Drogenwelt zu etwas zu bringen, mussten Dealer und Schmuggler Vertrauen und Sympathien gewinnen.» Eine besondere Herausforderung in einer universell misstrauischen, weil illegalen Welt. Der von Geschäftspartnern und Kunden gefragteste Charakterzug war Integrität. Das hieß: prompte oder Vorabzahlung und verlässliche Zusagen über Liefertermine und Qualität. Wer andere übers Ohr haute, galt schnell als profitgeiler Söldner und verlor seine Kunden und sein Geschäft. Auch wenn ihre Schwindeleien oft die Konsequenz eines grandiosen Selbstbetrugs waren.

«Die meisten Händler, die Vereinbarungen nicht einhielten, machten das nicht absichtlich», schreibt Adler. Vielmehr waren sie einer Selbsttäuschung erlegen. Oder eher: einer Selbstverführung. Sie führten andere in die Irre, weil sie sich mit ihrem Überoptimismus selbst irregeleitet hatten: Selbstverständlich würden sie bis zum Tag X eine bestimmte Menge Marihuana oder Kokain in erstklassiger Qualität liefern können! Gar keine Frage, dass sie die bestellten soundso viel Kilo bei Lieferung würden bezahlen können! Oder spätestens drei, vier Wochen oder auch Monate danach!

Hatte Madoff sich auf ähnliche Art betrogen – und sich so in die Lage versetzt, andere zu betrügen? Oder wusste er, was er tat? War Betrug von Anfang an der Plan? War er ein extremer Rationalist, für den moralische Bedenken im

Alle denken, ich habe
Witwen und Waisen
beraubt. In Wirklichkeit
habe ich reiche Leute
noch reicher gemacht.

Umgang mit Partnern und Kunden irrationaler Ballast waren? Oder folgte auch er seiner eigenen Moral? Und schaffte es, sich, ganz rational, selbst von seiner Rechtschaffenheit zu überzeugen?

Barbara Walters vom amerikanischen Fernsehsender ABC interviewte Bernie Madoff im Gefängnis. Von ihr nach Schuldgefühlen gefragt, habe er geantwortet: «Ich kann verstehen, wenn meine Kunden mich hassen – die fetten Zeiten sind vorbei.» Es war ihm wichtig, sich «richtig» darzustellen. Selbst wenn er der Einzige sein sollte, der seine Darstellung als richtig ansah. «Alle denken, ich habe Witwen und Waisen beraubt. In Wirklichkeit habe ich reiche Leute noch reicher gemacht.» Ob er die volle Verantwortung für seine Taten übernehme, wollte Walters noch wissen. «Sicher», sagte Madoff. «Mir hat niemand eine Knarre an den Kopf gehalten. Aber ich wollte nie etwas Unrechtes tun. Die Dinge sind einfach außer Kontrolle geraten.»

Sind wir mit unserer Wachstumsbesessenheit mitverantwortlich dafür, wenn die Dinge außer Kontrolle geraten? Eigenheime sind heute im Durchschnitt doppelt so groß wie vor rund 70 Jahren – obwohl die Familien, die darin leben, kleiner geworden sind. Wir produzieren mehr, kaufen mehr. Und sind fast dreimal so hoch verschuldet, wie unsere Eltern und Großeltern es waren. Seit 1940 haben wir mehr Rohstoffe verbraucht als alle Generationen vor uns zusammen. Wir sind, an der Oberfläche, reicher. Ohne dass uns dieser Reichtum glücklicher macht. Das legen

Studien nahe. Lord Richard Layard, emeritierter Professor an der London School of Economics, beschreibt die «hedonistische Tretmühle», in der viele von uns strampeln. Unser Einkommen steigt, wir kaufen ein größeres, besseres Haus, ein schöneres Auto und gehen mehr aus. Aber der neue Wohlstand wird schnell alt. Innerhalb weniger Monate haben wir uns an ihn gewöhnt – und sind nicht glücklicher, als wir vor der Einkommenscrhöhung waren. Glücksforscher fanden heraus, dass Menschen schlecht einschätzen können, was sie glücklich macht. Wir überbewerten die Freude, die mehr Geld und Besitz uns bereiten. Und wir unterschätzen das Glück, das mehr Zeit in Gesellschaft von Familie und Freunden uns bringt. Lange Wege zur Arbeit rauben uns beispielsweise Zeit und mit ihr Glück. Und doch wechseln Menschen den Job, um mehr Geld zu verdienen.

Keine Frage: Wer sich genug Essen und Kleidung kaufen und seine Miet- oder Hypothekenzahlungen begleichen kann, ist glücklicher als Menschen, die täglich ums Überleben kämpfen. Sind allerdings unsere Grundbedürfnisse gedeckt, bringt ein Mehr an Geld und Besitz nicht mehr Glück. Es gibt keine Steigerung von Zufriedenheit. Und doch jagen wir unbeirrt diesem Phantom hinterher.

Ist unsere Besessenheit mit Schuld an einem Bernie Madoff? Und was trug sie zum Börsencrash 2008/2009 bei? Der, Zufall oder nicht, mit Madoffs Entlarvung zusammenfiel.

Wachstumsbesessenheit verleitete damals viele dazu, Eigenheime zu kaufen, die sie sich nicht leisten konnten. Sie verlockte Unternehmer, ein Überangebot von Immobilien zu schaffen. Und sie verleitete Banken, den Wahnsinn zu finanzieren. Für den Evolutionsbiologen und Psychologen David P. Barash haben beide, Crash und Coup, einen vergleichbaren Betrug zum Kern. «Beide basierten auf einer unerbittlichen, selbsttäuschenden, nicht nachhaltigen Expansion. Aufgebaut auf Profiten, die es nur auf dem Papier gab. Und der Verpflichtung, die Musik am Laufen zu halten, damit die Teilnehmer nicht merken, dass es nicht genug Stühle gibt.»

Barash sieht Parallelen zu unserem Umgang mit der Natur. «Unsere derzeitige Beziehung zum Ökosystem ist nichts weniger als ein Pyramidensystem, dessen Ausmaß alles in den Schatten stellt, was Charles Ponzi je hat für möglich halten können. Wir beuteten die Natur auf ähnliche Art und Weise aus, wie Madoff seine Investoren ausbeutete. (…) Wir machen uns vor, dass wir durch immer mehr Ausbeutung in der Lage sein werden, immer weitere Zahlungen zu leisten.» Wir glaubten daran, dass mehr Trottel nachkommen, die mehr Wachstum bringen, mehr Bruttosozialprodukt. Auch unser Betrug basiere auf dem Versprechen von «immer mehr», ohne dass wir je eine Gegenleistung erbringen müssen. Weder rechtlich noch wirtschaftlich noch ökologisch.

Wie schaffte Bernie Madoff, jedes Gefühl von Verantwortung für seine Kunden und deren Zukunft abzuwerfen wie moralischen und rationalen Ballast? Warum begriff er nicht, und sei es aus Eigeninteresse, dass er seinen

Betrug nicht endlos würde aufrechterhalten können? Dass sein Pyramidensystem unweigerlich zusammenbrechen musste, weil diese Systeme nicht nachhaltig sind? Warum fürchtete er nicht, dass er eines Tages zur Rechenschaft gezogen werden würde? Das sind die Fragen, die wir einem Madoff stellen.

Warum stellen wir sie nicht uns selbst?

«Wir alle profitieren von fundamental instabilen Systemen», schreibt David Barash. «Wir alle sind Ponzis und Madoffs.» Die Grenze zwischen und uns und den anderen, zwischen Rechtschaffenen und Verbrechern, lässt sich nicht so haarscharf ziehen, wie wir gern glauben.

# Menschenschmuggler, Moral und die Illusion von Klarheit

«Man sollte eine Vereinigung von Kriminellen nicht mit einer kriminellen Vereinigung verwechseln.»

TOM NAYLOR,
PROFESSOR FÜR WIRTSCHAFTSWISSENSCHAFTEN,
MCGILL UNIVERSITY, MONTREAL

«Wenn du als Gesetzloser leben willst, musst du ehrlich sein.»

BOB DYLAN, MUSIKER

In den frühen Morgenstunden des 6. Juni 1993 treffen zwei Beamte des Nationalparkservice auf ihrer Patrouille entlang eines langen Strandstreifens der Rockaway-Halbinsel in Queens, New York, auf eine ungewöhnliche Szenerie. Zwei asiatische Männer stellen sich ihrem Wagen in den Weg und bringen ihn zum Halten. Als die Beamten aussteigen, hören sie Schreie. Sie kommen vom Strand, aus dem Wasser. Im Mondlicht sehen sie ein kleines Schiff, gerade mal 47 Meter lang. Knapp hundert Meter von der Küste entfernt ist es auf Grund gelaufen. Das Deck wimmelt von Menschen. Frauen und Männer springen über die Reling, sieben Meter tief in den rauen Atlantik. In den Wellen sehen die Beamten zahllose Körper treiben. Manche schaffen es, an Land zu strampeln. Andere schlagen hilflos um sich, sie können nicht schwimmen.

Der Name des Schiffes ist in weißen Blockbuchstaben auf den Bug gepinselt: «Golden Venture». Goldenes Wagnis. Seine Fracht: rund 300 illegale chinesische Einwanderer. Für die Überfahrt in die USA hat jeder von ihnen den Menschenschmugglern 30 000 Dollar gezahlt. Etwa ein Drittel der Passagiere war vor Pattaya, Thailand, an Bord gegangen. Der Rest stieg in der kenianischen Hafenstadt Mombasa zu. Einige Monate zuvor hatte dort das erste marode Schiff, das sie in die Vereinigten Staaten hatte bringen sollen, mit einem Motorschaden kapituliert und war von den Behörden festgesetzt worden. Buckets nennen die Schmuggler ihre Menschentransporter im Hinblick auf deren Allgemeinzustand und Seetauglichkeit. Eimer.

Die «Golden Venture» hat 17 000 Meilen zurückgelegt. Von Thailand, um das Kap der Guten Hoffnung herum, die afrikanische Küste entlang in den Atlantischen Ozean. Ihre Passagiere – Frauen, Männer und ein paar Kinder – waren über Monate in den engen, heißen Schiffsbauch gezwängt. Sie haben sich von Reis und Erdnüssen ernährt und gereinigtes Salzwasser getrunken. Bisweilen, wenn das Schiff internationale Gewässer erreichte, ließen die Schmuggler sie an Deck, um frische Luft zu schnappen oder um über die Reling zu pinkeln. Meist aber mussten sie ihr Geschäft im Schiffsbauch verrichten. Gleich da, wo sie über die langen Monate saßen, lagen und ihr Essen zubereiteten. Sie kackten in Plastiktüten und warfen sie über

Entgegen der weit-
verbreiteten Auffassung
über organisiertes
Verbrechen sind die
meisten Menschen-
schmuggler ganz
normale Bürger.

Bord. Küche und Badezimmer waren für die Crew und die Schmuggler reserviert.

Viele der Passagiere tragen in jenen frühen Morgenstunden des 6. Juni 1993 nur Unterwäsche. Der Atlantik ist in dieser Nacht knappe zwölf Grad kalt. Einigen der Springer steht das Herz still, als ihre Körper ins Wasser tauchen. Ein Beamter der Küstenwache, der versucht, sie zu reanimieren, erinnert sich später: «Sie stiegen aus dem Wasser, taumelten auf den Strand, brachen zusammen und starben.» Sie waren so abgemagert, dass er das Knorpelgewebe unter ihrer Haut spüren konnte. Zehn Menschen verloren an diesem frühen Morgen vor Rockaway ihr Leben. Einer von ihnen war der Kunde einer Frau in Chinatown, New York. Der zweite ihrer Kunden überlebt. Von ihrem Restaurantgeschäft auf dem East Broadway verfolgt sie die Berichte über das Unglück im Fernsehen.

Menschenschmuggler organisieren sich in riesigen multinationalen, streng hierarchischen Verbrecherringen, die haarscharf ihre Reviere abstecken und mit Gewalt verteidigen? Falsch, sagen Sheldon Zhang und Ko-Lin Chin. Die US-Kriminologen erforschen das sogenannte organisierte Verbrechen in China und dortige Menschenschmuggel-Unternehmen. Ihre Erkenntnisse decken sich mit anderen Forschungserkenntnissen: «Entgegen der weitverbreiteten Auffassung über organisiertes Verbrechen sind die meisten Menschenschmuggler ganz normale Bürger.»

Was organisiertes Verbrechen ist, oder sein soll, haben bislang weder Politiker noch Strafverfolger in klare, einheitliche Worte gefasst, sagt der kanadische Wirtschaftswissenschaftler und Kriminologe Tom Naylor. Er ist sich sicher: Die Konfusion hat Methode. «Mit der Weigerung, sich auf eine Definition zu einigen, sichern sich Strafverfolgungsbehörden und Politik einen entscheidenden Vorteil. Keiner kann ihnen nachweisen, dass sie mit ihrer Einschätzung der Bedrohung falschliegen. Oder ihnen vorwerfen, dass ihre Aktionen dagegen maßlos sind.»

Allen Definitionsversuchen gleich ist die Annahme, dass organisiertes Verbrechen marktorientiert ist. Es umfasst den Vertrieb von illegalen Waren und Dienstleistungen: Drogen, Sex, Wetten, Menschenhandel. Dafür braucht es, wie bei legalen Geschäften, Personal und einen konstanten Warenfluss. Um beides zu sichern, braucht es eine Unternehmensstruktur. Auch das haben legale Geschäfte und organisiertes Verbrechen gemein. «Wenn zwei Einbrecher planen, in ein Fenster im dritten Stock einzusteigen, müssen sie organisiert genug sein, um eine Leiter besorgen zu können», erklärt Tom Naylor. «Aber es wäre etwas übertrieben, das einen Beweis für eine kriminelle Vereinigung zu nennen.» Er zählt drei weitere Kriterien auf, die dem organisierten Verbrechen gemeinhin zugeschrieben werden: großzügiger Einsatz von Gewalt und Korruption zur Sicherung eines Marktmonopols; hohe Gewinne; Infiltration von legalen Unternehmen. Woher kommen diese Vorstellungen?

Im Herbst 1963 stellten FBI-Ermittler – bestrebt, mehr über die Strukturen und Praktiken der Mafia-Gruppe

Cosa Nostra zu erfahren – den inhaftierten Drogenhändler und bekennenden Cosa-Nostra-Schuldeneintreiber und Auftragsmörder Joe Valachi vor die Wahl: Entweder er würde zum Tode verurteilt, oder «du sagst uns, was wir hören wollen». Und das tat Valachi dann. Er erzählte von Millionengeschäften und korrupten Verbindungen bis in die höchsten Kreise der Gesellschaft. «Die Cosa Nostra ist wie eine Regierung», prahlte er. «Sie ist viel zu groß geworden.» Er beschrieb wortreich Gewaltexzesse in seinem Heimatrevier New York und plauderte willig die Interna der Mafia-Zellen in Chicago, Detroit, Cleveland, Chicago, Las Vegas aus. Von denen konnte Valachi allerdings unmöglich Kenntnis haben, sagen Experten wie der New Yorker Bezirksstaatsanwalt Robert Morgenthau.

Tatsächlich setzten illegale Unternehmer Gewalt untereinander nur spärlich ein, fand Carlo Morselli heraus, als er die Karriere von Sammy «The Bull» Gravano in der Cosa Nostra erforschte. Sie gilt als uneffektiv und kostspielig. Vor allem kostet sie Vertrauen, die wichtigste Ressource im Geschäft. Keiner der Snakeheads, mit denen die Kriminologen Zhang und Chin sprachen, hatte je Gewalt gegen andere Schmuggler eingesetzt oder versucht, sie einzuschüchtern. Im Großen und Ganzen hielten sich alle an die getroffenen Vereinbarungen, zu groß ist die Angst vor Konsequenzen. Aufbau und Erhalt eines vertrauenswürdigen Images ist für den Erfolg im Schmuggelgeschäft unverzichtbar. Einer der Schmuggler erzählte den Forschern: «Die Leute in diesem Business kennen sich ziemlich gut, die meisten arbeiten am selben Ort – Fuzhou (die Hauptstadt der Provinz Fujian). Jeder hat seine eigenen Schmuggelrouten, und bisweilen müssen wir einander unterstützen, damit alles glattläuft. Manchmal arbeiten wir allein, und manchmal arbeiten wir zusammen. Ab und zu haben wir Auseinandersetzungen, aber wir werden nicht Gewalt anwenden, um sie zu lösen. Keiner wagt es, einen anderen zu betrügen. Wenn du das machst, verlässt du die Stadt am besten für immer.»

Maurice Punch von der London School of Economics kommt im Gegenteil zu dem Schluss, dass Gewalt vor allem in legalen Unternehmen alltägliche Praxis sei. «Es ist erwiesen, dass Unternehmen töten, verstümmeln und vergiften, nur erwähnt die akademische Literatur es kaum.» Manager und Unternehmen begingen weit mehr Gewalttaten als jeder Serienmörder und sogenannte kriminelle Organisationen. «Diese Gewalt ist Teil normaler und legitimer Geschäftsaktionen. Die Täter sind oft hochgebildete, respektierte Personen, die jedes kriminelle Verhalten von sich weisen und sich von einer kriminellen Identität weit distanzieren.» Struktur und Kultur prägten den Führungsgeist eines Unternehmens. Oft beeinflussten sie ihn auf eine Weise, die sozial abweichendes Verhalten fördere und anderes Verhalten sanktioniere. Sie schafften ein Umfeld, das zu Risikobereitschaft und Rücksichtslosigkeit führt – und in der Folge zu Unfällen mit schweren Verletzungen und Todesfällen. Dazu komme unsere Bereitschaft, diese Gewalt zu rationalisieren. «Unternehmen kommen mit ‹Mord› davon», schreibt Punch. «Denn unsere Gesetze und die Gerichte sind nicht auf organisatorische Abweichungen und Unternehmensgewalt ausgerichtet.»

Ein paar Beispiele, die Schlagzeilen machten:

- Der Untergang des Exxon-Valdez-Tankers 1989 vor Alaska – 40 Millionen Liter Öl liefen ins Meer, Hunderttausende Seetiere und vier Menschen starben; die Küsten-Lebensräume brauchten mehr als 30 Jahre, um sich von der Katastrophe zu erholen.
- Die entgegen allen Sicherheitsbedenken angetriebene Produktion des Ford Pinto – bei Auffahrunfällen barst der Benzintank und ließ den Wagen in Flammen aufgehen.
- Der Verkauf des Schlafmittels Contergan gezielt an Schwangere – sein Wirkstoff Thalidomid führte dazu, dass rund 10 000 Kinder in über 50 Ländern mit schweren Verstümmelungen geboren wurden.
- Der Verkauf des Schmerzmittels Oxycodon – die aggressive Werbung für das Medikament beruhte vor allem auf der Herstellerlüge, dass es, anders als andere Opiate, nicht süchtig mache; über eine Million Amerikaner sind seit 1999 im Verlauf der anhaltenden Opiat-Krise gestorben.

Punch beschreibt am Beispiel der 1987 vor dem belgischen Zeebrügge gesunkenen Personen- und Autofähre «The Herald of Free Enterprise», wie auf Managementebene Entscheidungen getroffen werden, die bisweilen zu Katastrophen führen. Und wie Firmen damit davonkommen. Beim Ablegen waren die Ladeklappen offen gelassen worden, die Fähre lief voll Wasser und sank. 193 Menschen starben. Es war das größte britische Schiffsunglück in Friedenszeiten seit dem Untergang der «Titanic». Der Untersuchungsbericht kam zu dem Schluss, dass die Verantwortung bei der «selbstgefälligen und nachlässigen» Führungsriege der Reederei Townsend Thoresen liege: «Alle, von den Direktoren bis zur unteren Aufsicht, haben sich schuldig gemacht. Das Unternehmen war durch und durch infiziert mit der Seuche der Schlamperei.» Das Management hatte die Mannschaft unter immensen Druck gesetzt. Enge Zeitpläne mussten eingehalten, besser noch unterboten werden. Es hatte hingenommen, dass Crew-Mitglieder mit ihren oft zeitgleich zu erledigenden Mehrfachaufgaben überfordert waren. Die Fähre hatte zuvor bereits einmal versehentlich mit offenen Ladeklappen abgelegt. Die Reederei-Leitung hatte das nicht als Warnung genommen und die wiederholte Forderung der Mannschaft, ein Warnsystem für das Schließen der Ladeklappen einzubauen, ignoriert. Townsend Thoresen war ein Unternehmen im neuen Stil der Achtziger: Von der Thatcher-Regierung dereglementiert, galten nur noch die Regeln der freien Marktwirtschaft, schreibt Punch. «Einsparung von Kosten, keine Gewerkschaften und großzügige Spenden an die konservative Regierung.» Der Name der gesunkenen Fähre, zu Deutsch: «Der Herold der freien Marktwirtschaft», war Programm.

Eine Untersuchungskommission leitete entgegen der

Der Fokus der Unternehmen auf Ambition, Leistung und Innovation führe dazu, dass sie vor allem Hochrisikoträger anziehen und ermutigen.

Empfehlung des Gerichtsmediziners und des Verkehrsministeriums ein Verfahren wegen Totschlags im Unternehmen ein. Es wurde eingestellt. Der Richter sah sich nicht in der Lage, einen strafrechtlich relevanten direkten Zusammenhang zwischen dem Versagen der Mannschaft und den Entscheidungen des Managements herzustellen. Es war klar, dass die Crew in ihrer Eile katastrophale Fehler gemacht hatte. Aber ein Unternehmen konnte rechtlich kein Totschläger sein. Es ist die Organisation, die kriminell handelt – gleichzeitig dient diese Eigenschaft ihr als rechtliche und institutionelle Verteidigung, damit sie nicht die Verantwortung für Verletzungen, Todesfälle und Leid tragen muss, schreibt Punch. Das, und die weitverbreitete Kurzsichtigkeit gegenüber Verbrechern im Anzug, helfe, das Kernproblem zu verschleiern: «Die schlimmsten Verbrechen weltweit werden von Autoritätspersonen und Menschen in Machtpositionen begangen.» Der Kriminologe David O. Friedrichs nannte sie die «Kriminellen, denen wir trauen». Auch ihre erste Motivation ist womöglich nicht Geld, sondern Respekt, Status, Selbstbestätigung. Das Gefühl, rechtschaffen zu sein, und die Darstellung moralischer Überlegenheit. Der Fokus der Unternehmen auf Ambition, Leistung und Innovation führe dazu, dass sie vor allem Hochrisikoträger anziehen und ermutigen, schreibt Punch. Die benehmen sich dann wie Spieler, denen kein Einsatz zu hoch ist. Ihr größter Gewinn ist das wenigstens kurzfristige Vertrauen der anderen, fand der Anthropologe Robert Jackall heraus. «In so einem Umfeld ist der Manager Schauspieler, Politiker, Manipulator von Daten und Akteur auf kurze Zeit – bemüht, seinen Fehlern rechtzeitig davonzulaufen.» Anders als die Menschenschmuggler, die über Jahrzehnte im selben Geschäft, am selben Ort arbeiten und auf eine dauerhaft gute Reputation angewiesen sind. Nichts ist, wie es scheint.

Doch unser Bild von illegalen Geschäften wird bis heute von den Erzählungen des Mafia-Mitglieds Joe Valachi bestimmt. Sie beeinflussen Gesetzgebung und Strafverfolgung.

In den USA beispielsweise haben Valachis Darstellungen zu unverhältnismäßig langen Haftstrafen und übervollen Gefängnissen geführt. In der Mehrzahl sitzen dort allerdings nicht international agierende Drogenbosse, sondern Abhängige und Kleindealer. Denn auf der Grundlage von Valachis Geschichten kann schon der Besitz geringer Mengen Marihuana als Beweis der Zugehörigkeit zu einer Verbrechensorganisation gelten. Vor dem Gesetz gelten der Abhängige oder der Marihuana-Verkäufer als genauso gefährlich wie der Kopf einer Organisation. Tom Gash, Berater für Verbrechensprävention, zitiert einen Polizisten: «Bevor Sie zu dem Schluss kommen, dass Marihuana eine harmlose Droge ist, bedenken Sie Folgendes: Das organisierte Verbrechen hat seine Finger in jeder Stufe von Produktion, Vertrieb, Handel und Export, wegen der hohen Gewinne. Und die werden wiederum in eine Reihe anderer Verbrechen investiert.»

In Wirklichkeit, schreibt Gash, sind illegale Waren vor allem darum problematisch, weil sie moralisch nicht einwandfrei einzuordnen sind. «Die meisten Drogengeschäfte zum Beispiel sind einvernehmliche Transaktionen, denen Käufer wie Verkäufer zustimmen.» Im Gegensatz zu einem Einbruch oder Straßenraub, bei dem der Räuber das Opfer ohne dessen Zustimmung um seinen Besitz bringt, oft mittels Gewalt. Wir verlassen uns auf unsere Moral, um zu bestimmen, was gut und was böse ist. Was akzeptabel oder verwerflich. Moral ist unser Gradmesser dafür, was ein Verbrechen ist und was nicht. Das Problem ist, dass moralische Klarheit ein Mythos ist.

Shé Tóu, Schlangenköpfe, nennen Chinesen die Menschenschmuggler. Einer der Geschäftspartner von Cheng Chui Ping, die den Untergang der «Golden Venture» in den Nachrichten verfolgte, erklärte den Begriff während des Prozesses gegen sie in einem New Yorker Gerichtssaal: «Wenn die Illegalen unter den Grenzzäunen durchkriechen, erinnert das an eine Schlange.» Cheng war die «Mutter aller Schlangenköpfe», sagten die Staatsanwälte. Eine skrupellose Entrepreneurin, darauf spezialisiert, die Träume und Ziele ihrer Kunden auszubeuten. «Sie unterhielt ein auf Leid und Gier aufgebautes Konglomerat.» Cheng, untersetzt und schroff im Auftritt, war mehr als zwanzig Jahre im Geschäft. Das ist auch in legalen Unternehmen eine lange Zeit. Sie kleidete sich ärmlich. «Man hätte sie leicht für eine chinesische Bauersfrau halten können», schreibt der Journalist Patrick Radden Keefe in «The Snakehead», seiner Verbrechens-Biografie über sie. Nach Schätzungen des FBI brachte Cheng über 3000 Menschen illegal aus China in die USA. Für bis zu 40 000 Dollar pro

Person. Während ihrer Schmuggeljahre scheffelte sie geschätzte 40 Millionen Dollar. Die Zeitungen nannten sie das «personifizierte Böse». Für ihre Kunden war sie Ping Jia, Sister Ping. Schwester Ping.

Die Kunden teilen ihre Schmuggler in zwei Kategorien ein, fand Chin bei seinen Recherchen über chinesische Schmugglerringe heraus. In die Gruppe der «großen Schlangenköpfe» und in die der «kleinen Schlangenköpfe». Die großen sind die Investoren und Organisatoren der Schmuggeloperationen. Sie leben oft außerhalb Chinas und haben kaum persönlich Kontakt mit ihren Kunden. Die kleinen agieren als Mittelsmänner, als Akteure. Sie leben in den Gemeinden, aus denen sie die Kunden rekrutieren, oder im näheren Umfeld. Sie schließen die Verträge ab und kassieren erste Ratenzahlungen.

Die großen Schlangenköpfe gelten unter ihren Kunden als fähige, wohlhabende Geschäftsleute mit Einfluss und Macht. Sie haben einen ausgezeichneten Ruf und ebensolche Verbindungen. Sie greifen auf weite familiäre Netzwerke und zufällige soziale Kontakte zurück, um Ressourcen zusammenzulegen und das kollektive Startkapital für ein weltweites Schmuggelbusiness einzusetzen. Die Akteure haben verschiedene soziale Hintergründe. Ihre kurzlebigen Allianzen dienen lediglich dem Zweck, die jeweilige Operation durchzuführen. «Das ist ein praktisches oder vernünftiges Vorgehen, wie es Wirtschaftswissenschaftler empfehlen», schreiben Zhang und Chin. Außer dem Interesse am Geldverdienen verbinde die Akteure nichts. Abgesteckte Reviere gibt es nicht, ihr Wirkungskreis ist so flexibel wie ihre Verbände. Die Aufgaben sind klar verteilt, jeder wird effektiv nach seinen Fähigkeiten und Möglichkeiten eingesetzt. Es gibt klare Regeln, die für alle bindend sind. Die Mitgliederzahl ist begrenzt, das hält die Operationen übersichtlich. Gewalt wenden die Schmuggel-Entrepreneure nur im Notfall an. Anders setzten sie ihren Ruf und das geldwerte Vertrauen der Kunden aufs Spiel. Alles in allem sehen sie sich als unabhängige Geschäftsleute. Kühne Risikoträger, die Gelegenheiten erkennen, und die sich vorübergehend zusammenschließen, um möglichst große Profite aus ihren Investitionen zu schlagen. Nur ein kleiner Kern ist konstant dabei, die anderen Akteure werden je nach Gebrauch rekrutiert. Cheng Chui Ping, die Schlangenkopf-Frau vom East Broadway, betrieb ihren Menschenschmuggel lange als reines Familienunternehmen.

Sie war die Größte, wenn man dem FBI glauben will. Die Fahnder erklärten sie zur «Schlangenkopf-Königin». Zu einem Riesenfang und Fahndungserfolg. Chengs Kollegen, respektive ihre Konkurrenten, bestritten das. «Ich könnte auf einen Schlag ein oder zwei akut tätige Schlangenköpfe nennen, die weit größer und erfolgreicher sind als Sister Ping», sagte einer der zu ihrem Prozess geladenen Unterweltler. In der Welt des Verbrechens ist es wie beim Angeln: Die Illegalen prahlen bisweilen gern mit der Größe ihrer Unternehmen. Und die Fahnder und Politiker reden ihren Fang und ihre Erfolge im «Kampf gegen das Verbrechen» oft größer und wichtiger, als sie sind.

Unzweifelhaft ist, dass Cheng eine der Großen war.

Selbst gelegentliche Katastrophen, wie das Auf-Grund-Laufen der «Golden Venture», schadeten ihrem Ansehen und ihrem Business nicht. Der Schmuggel von Menschen ist ein – vornehmlich für die Geschmuggelten – gefährliches, oft lebensgefährliches Unterfangen. Das akzeptieren auch die Kunden. Und Cheng wusste selbst mit vorübergehendem Versagen gewinnbringend umzugehen. Sie war durch und durch Geschäftsfrau. Oder darf man sie so nicht sehen? Lässt sich die Unternehmerin Cheng von der Kriminellen Cheng trennen? Und wenn nicht, was bedeutet das für legale Unternehmen?

Ihrem wachsenden Erfolg und Einfluss in Chinatown zum Trotz trat Cheng betont bescheiden auf. Sie arbeitete, selbst mit chinesischem Maß gemessen, hart und oft bis spät in die Nacht. Sie, die nie fließend Englisch gelernt hatte, hielt junge Einwanderer an, es anders, besser zu machen. Wollten sie es in Amerika zu etwas bringen, sei das unerlässlich. Unvorhergesehene Zwischenfälle und Katastrophen wandelte sie in Marketingtools: Wurden ihre Kunden von den Behörden geschnappt, erließ sie ihnen die Schmuggelgebühren. Wenn Kunden während der Reise starben, zahlte sie für die Beerdigung. Als eines ihrer Schiffe über Monate im Hafen von Mombasa festlag, schickte sie einen Boten mit 300 000 Dollar. 1000 Dollar für jeden Kunden, damit sie sich über Wasser halten konnten. So wahrte sie sich ihren Ruf, und machte ihren Namen zu einer international anerkannten, vertrauenswürdigen Marke. Sister Ping wurde ein Kundenmagnet. Und blieb es, egal, was passierte.

Macht das ihren Einsatz weniger wert? Oder ist die geschäftliche Absicht egal, solange das Ergebnis für den Kunden gleich positiv ist?

Als in den Siebzigerjahren mit einer wachsenden Zahl an Autobesitzern auch die Zahl der Diebstähle zunahm, gab das britische Innenministerium eine Studie in Auftrag, wie Autos besser gesichert werden könnten. Das Ergebnis las sich vielversprechend: «Die Diebstahlsicherheit kann mit minimalen und kostengünstigen Designeingriffen und ohne Beeinträchtigung für die Fahrer verbessert werden.» Doch die Autohersteller zögerten. Sie hatten schließlich keine Nachteile, wenn ein Auto gestohlen wurde – im Gegenteil! Erst als die Regierung unter großem Medieninteresse eine Liste veröffentlichte, die Automodelle danach bewertete, wie oft sie gestohlen wurden, begannen die Hersteller mit den empfohlenen Veränderungen. Sie hatten erkannt: Die Sicherung ihrer Autos ließ sich als Marketingtool nutzen. Diente also ihrem eigenen Interesse.

Verbrechen braucht Gelegenheit, sagt eine kriminologische Theorie. Für Tom Gash, der Regierungen in der Verbrechensprävention berät, ist die Geschichte des Autodiebstahls ein exzellentes Beispiel dafür. Studien in den USA und in Großbritannien ergaben: Die am häufigsten gestohlenen Modelle sind nicht Prestigemarken wie BMW oder Mercedes. 2013 waren die meistgeklauten Autos in Großbritannien der Mitsubishi Pajero, Nissan Sunny und der Nissan Bluebird. In den USA waren es der Honda Civic und der Honda Accord. All diese Modelle haben zwei Dinge gemein, schreibt Gash: Sie waren einst beliebt und sind darum weit verbreitet. Und bei ihnen sind noch keine der jetzt üblichen Diebstahlsicherungen eingebaut. Ein Schraubenzieher und ein bisschen Geschick sind alles, was man braucht, um sie zu öffnen und zu starten.

Gibt das im Umkehrschluss Platons Bruder Glaukon recht, der vermutete, dass wir alle zu Dieben, Räubern, Vergewaltigern oder Mördern werden, wenn sich die Gelegenheit ergibt? Vorausgesetzt, dass wir uns unseren guten Ruf bewahren. Und unsere Taten vor uns und anderen beschönigen können. In einer Umfrage unter amerikanischen College-Studenten, gab jeder Dritte der jungen Männer zu, dass er «eine Frau zum Sex zwingen» würde – vorausgesetzt, dass «niemand davon erfährt und es keine Konsequenzen hat». Und solange die Interviewer die Tat nicht beim Namen nannten: Fragten sie statt «Würden Sie eine Frau zum Sex zwingen?» direkt, ob die Männer eine Frau «vergewaltigen» würden, wenn es keiner jemals erführe, antworteten nur noch 13 Prozent mit Ja. In einer Umfrage unter 1900 australischen Männern zwischen 18 und 65 Jahren sagte jeder Fünfzehnte, dass er «sexuellen Kontakt» mit einem Kind unter 14 Jahren aufnehmen würde. Wenn gesichert sei, dass ihn keiner erwischt.

Was machen die potenziellen Autodiebe, Vergewaltiger und Missbraucher, wenn es ihnen an Gelegenheit (und an Opfern) mangelt? Oder wenn ihre Entdeckung so gut wie sicher ist? Steigen sie auf andere, leicht durchführbare und weniger riskante Verbrechen um? Oder setzen sie ihre

Energie und Kreativität für legale Unternehmen ein? Haben wir dabei überhaupt eine Wahl? Oder hat der Neurowissenschaftler Robert Sapolsky recht, wenn er sagt: Freien Willen gibt es nicht. Alles, was wir tun, was passiert, ist die logische Folge von dem, was zuvor passiert ist. Zurückgehend bis zum Anbeginn der Zeit.

Cheng Chui Ping war in einem Dorf in der chinesischen Provinz Fujian aufgewachsen. Einmal, mit 12, zog sie los, um mit anderen Dorfbewohnern in einem Mangroven-Wald Feuerholz zu schlagen. Dafür mussten sie mit einem kleinen Ruderboot den Minjiang-Fluss überqueren. Sie waren neun im Boot. Es gab nur sieben Ruder. Das Kind Cheng nahm eins und ruderte mit. Als die Strömung stärker wurde und das Boot zum Kentern brachte, hielt das Mädchen sich an ihrem Ruder über Wasser. Alle, die ein Ruder hatten, überlebten. Die anderen beiden ertranken. Cheng nahm es als eine Metapher fürs Leben: «Die beiden faulen Leute, die nur im Boot saßen, während andere arbeiteten, starben. Das lehrte mich, hart zu arbeiten.» Als Entrepreneur braucht es eine Mischung aus Leidenschaft und Beharrlichkeit. Die Fähigkeit, ein Ziel über lange Zeit und mit unbeirrbarer Verbissenheit zu verfolgen. Ist das angeboren? Oder erlernbar? Oder ist diese Fähigkeit, wie alles andere, was uns ausmacht und wer wir sind, eine Folge von Ereignissen und Erlebnissen? Beispielsweise des Erlebnisses, bei einem Bootsunglück nicht ertrunken zu sein. Weil man sich zuvor bereit erklärt hatte, seinen Beitrag zu leisten und mitzurudern.

Die Psychologin Carol Dweck von der Universität in Stanford hat erforscht, was uns motiviert und welche psychologischen Prozesse hinter unserer Motivation stecken. Dweck gab Kindern eine Aufgabe, und wenn sie die gut machten, motivierte sie jeweils mit einem von zwei Sätzen. Zu den Kindern in der einen Gruppe sagte sie: «Welch ein tolles Ergebnis, du musst so clever sein!» Und zu denen in der anderen: «Welch ein tolles Ergebnis, du musst so hart gearbeitet haben!» Ergebnis: Die Kinder, die für ihre harte Arbeit gelobt wurden, legten sich beim nächsten Mal noch mehr ins Zeug. Sie waren widerstandsfähiger gegen Misserfolge, hatten mehr Freude an der Aufgabe und schätzten ihre guten Ergebnisse aufgrund eigener Leistung mehr als das Lob. Die Kinder, die für ihre Cleverness gelobt worden waren, dagegen zeigten das Gegenteil: Sie verließen sich auf ihre Intelligenz.

«Wenn alles daran liegt, wie schlau du bist, erscheint dir jede Anstrengung suspekt», schreibt Robert Sapolsky über das Ergebnis. «Wenn du wirklich so schlau bist, solltest du dich nicht bemühen müssen. Alles muss leicht von der Hand gehen, ohne schwitzen und stöhnen.» Der Unterschied zwischen beiden Gruppen sei so markant, weil die beiden Glaubensgrundsätze «Erfolg ist das Ergebnis harter Arbeit» versus «Erfolg ist das Ergebnis von Intelligenz» jeweils auf der entgegengesetzten Seite einer irrigen Demarkationslinie liegen: Wir schreiben Begabung und impulsives Verhalten unserer Biologie zu. Und glauben, dass Anstrengung und die Fähigkeit, Impulsen zu widerstehen, Ergebnis und Beweis unseres freien Willens sind.

Cheng hatte einen Fischer geheiratet und war in den Siebzigerjahren mit ihm nach Hongkong gegangen. Dort eröffneten sie einen Lebensmittelladen, und Cheng galt schnell als ausgezeichnete Geschäftsfrau. 1981 beantragte sie auf der US-Botschaft in Hongkong ein Visum. Sie wolle als Dienstbotin in den Vereinigten Staaten arbeiten, sagte sie dem Konsulatsbeamten. Als der sich wunderte, warum sie, die angesehene Businessfrau, bereit war, auf ihren Status zu verzichten, zeigte Cheng die Art von Gespür, die unzweifelhaft eine der Säulen ihres späteren Erfolges war: «Ich habe gehört, die USA sind ein zivilisiertes Land, in dem man es zu etwas bringen kann. Um die Zukunft meiner Kinder zu sichern, bin ich bereit zu dienen.»

Kurz nach dieser Episode kam Cheng in die USA. Ob mit Visum oder illegal, ist nicht bekannt. Ihr Mann und ihre Kinder blieben vorerst in Hongkong zurück. Cheng holte sie nach, sobald sie in Chinatown ein kleines Gemischtwarengeschäft eröffnet und sich etabliert hatte. Der Laden entwickelte sich schnell zu einem Treffpunkt für Chinesen aus Chengs Heimatprovinz Fujian. Chengs soziales Kapital wuchs, zusammen mit ihren Geschäften. Bevor sie in den Menschenschmuggel einstieg, eröffnete sie noch ein Bekleidungsgeschäft und baute ein gut gehendes Restaurant in Chinatown auf. Und ein nicht ganz legales, ebenso erfolgreiches Überweisungsgeschäft, mit dem sie ihren Landsleuten ermöglichte, Geld schnell und sicher nach Hause zu schicken. Zahlte ein Küchengehilfe beispielsweise bei ihr tausend Dollar ein, plus zehn Dollar

Kommission, konnte er sich darauf verlassen, dass Chengs Motorradboten in Fujian der Mutter das Geld am nächsten Tag brachten. Ganz gleich, wie weit abseits sein Heimatdorf lag. Überweisungen mit Sister Ping gingen schneller und waren günstiger als mit der Chinesischen Nationalbank. Deren Kunden liefen nach und nach zu Cheng über. Die Bank versuchte, sie mit Präsenten zurückzulocken. Vergeblich.

Wie viele Entrepreneure im Chinatown der Achtzigerjahre erkannte auch Cheng bald im Menschenschmuggel ein höchst profitables und vom Kosten-Nutzen-Faktor her ideales Geschäft. «Es war besser als Drogenhandel», erzählte ein Gemeindevorstand dem Journalisten Radden Keefe. «Mehr Profit, weniger Risiko. Wenn du erwischt wirst und dich gleich schuldig bekennst, gehst du nur ein halbes Jahr in den Knast.» Das Business biete noch einen entscheidenden Vorteil: «Deine Ware kann laufen.»

Ähnlich dem Anlagebetrüger Bernie Madoff stützte Cheng Chui Ping den Aufbau ihres neuen Geschäftszweigs vornehmlich auf ihr soziales Kapital. Aber nutzte sie es wie Madoff, um Kontakte und Kunden zu betrügen? Chengs Kontaktpersonen arbeiteten mit ihr zusammen, in jenem losen, flexiblen Verband. Ihre Kunden suchten sie freiwillig auf und gingen einen Handel mit ihr ein: Gegen eine festgelegte Summe brachte Cheng sie in die USA. Ist es Victim-Blaming, Opferbeschuldigung, wenn man den Kunden der Menschenschmuggler Autonomie zugesteht, also die Entscheidungsfreiheit, ob sie sich auf den

Handel und das mit ihm verbundene Risiko einlassen wollen? Wenn man sagt, dass auch sie, wie die Schmuggler, abwägen: den Einsatz gegen den erhofften Gewinn?

«Der Fokus auf Reinheit und Opferstatus behindert nicht nur jedes ernsthafte Bemühen, die Ausbeutung von Menschen in den Griff zu bekommen. Er schadet sogar», schreibt die Trafficking-Expertin Marjan Wijers. Er erlaubt uns, die Flüchtenden zu kategorisieren. In die Verfolgten, Ausgebeuteten, die keine Wahl hatten und darum unser Mitgefühl und unsere Hilfe verdienen. Und in diejenigen, die «nur aus wirtschaftlichen Gründen» kommen und damit aus freien Stücken. Autonomie, und wenn es nur ein verzweifelter Rest ist, wird zum Straftatbestand. «Das Ergebnis ist die Einführung einer Reihe unterdrückerischer Maßnahmen gegen Migranten», schreibt Wijers. Australien sperrte die Unwürdigen auf der Insel Nauru ein. Großbritannien will sie nach Ruanda abschieben und droht, um das zu legalisieren, mit seinem Austritt aus der Europäischen Menschenrechtskonvention. Deutschland liebäugelt mit ihrer Abschiebung in ein Aufnahmelager in Albanien. Und der CDU-Politiker Jens Spahn erklärt den Einsatz von körperlicher Gewalt gegen Migranten an den Grenzen für opportun. «Alles unter dem Deckmantel des ‹Kampfs gegen Menschenschmuggler›», schreibt Wijers.

Das Grundverbrechen sind nicht die riskanten und unmenschlichen Bedingungen, unter denen die Kunden transportiert werden. Das strafrechtlich relevanteste Ver-

Obwohl die Schmuggler
die Menschenrechte
ihrer Kunden verletzen
können, ist Menschen-
schmuggel in erster
Linie ein Verbrechen
gegen den Staat.

brechen ist, dass sie illegal ins Land geschmuggelt werden. Die Opfer, eine andere kriminaltheoretische Voraussetzung für Verbrechen, sind in erster Linie nicht die Geschmuggelten. Es ist der Staat, dessen Grenzen sie illegal überschreiten. «Obwohl die Schmuggler die Menschenrechte ihrer Kunden verletzen können, durch Misshandlung oder indem sie ihnen Wasser und Nahrung verweigern, ist Menschenschmuggel in erster Linie ein Verbrechen gegen den Staat», schreibt das Flüchtlingshochkommissariat der Vereinten Nationen, UNHCR. Und die werden generell unnachgiebiger verfolgt und härter bestraft als Verbrechen gegen Einzelne.

Wie jedes andere Business profitieren Menschenschmuggler von der Nachfrage auf dem Markt. Die ist so groß wie nie zuvor. Krisen, Kriege, die Folgen des Klimawandels und die zunehmend ungleiche Verteilung von Ressourcen treiben immer mehr Menschen aus ihrer Heimat und auf die Flucht. In den Industrieländern hat die Wirtschaft ihr erklärtes Nachkriegsziel erreicht: Konsum zum Lebenszweck zu machen. Der Marketing-Experte Victor Lebov schrieb 1955: «Unsere enorm produktive Wirtschaft verlangt von uns, dass wir das Kaufen und Benutzen von Dingen zu einem Ritual machen. Dass wir spirituelle Befriedigung und die Befriedigung unseres Egos im Konsum suchen. Unser sozialer Status, das Maß unserer sozialen Akzeptanz, unser Ansehen, das alles ist heute abhängig vom Maß unseres Konsums. Der Konsument muss die Dringlichkeit unserer Angebote begreifen. Die Leute müssen essen, trinken, sich kleiden, reisen, leben wollen, auf immer kompliziertere und damit immer teurere Art.» Die ärmsten Länder, auf deren Kosten der Konsum zum Teil ging, bleiben auf finanzielle Hilfe angewiesen.

Die Weigerung speziell der europäischen Staaten, das Recht der Flüchtenden auf Asyl anzuerkennen, und der Versuch, ihre Verantwortung gegenüber den Flüchtenden abzuschwächen, führe zu systematischen Menschenrechtsverletzungen, die man als Staatsverbrechen bezeichnen müsse, schreiben die Kriminologen Penny Green und Mike Grewcock. «Indem sie den Fokus auf die Illegalität und die Mittel zur Grenzüberschreitung richten, ermöglichen die Regierungen es, Menschen, die vor Krieg und Krisen fliehen, als die ‹fremdartig Anderen› zu stilisieren, sie zu entmenschlichen, kriminalisieren und stigmatisieren. Begriffe wie Illegale, heimlich und vorgeschoben, bilden das Herz des offiziellen Flucht-Lexikons.» Mehr noch erklärten sie die Flüchtlinge zu den Schuldtragenden. «Ihre Motive werden ausnahmslos als unehrlich, selbstsüchtig und ungerechtfertigt dargestellt.» Tatsächlich trieben gerade der erklärte Krieg gegen die Schmuggler und die daraus resultierenden restriktiven, oft brutalen Grenzmaßnahmen die Menschen in die Hände der Schmuggler. Die Staaten arbeiteten dem Business zu und ermöglichten es ihm, zu wachsen und zu florieren.


In den frühen Achtzigerjahren, als sich die ersten illegal auf den Weg in die USA machten, kostete der Transport von China in die USA pro Kopf rund 18 000 Dollar. Heute zahlen Kunden zwischen 50 000 und 70 000 Dollar. Familien kratzen das Geld zusammen und stellen es reisebereiten Mitgliedern willig als Darlehen zur Verfügung. Es ist eine lohnende Investition. Sie wissen, dass die Verdienst- und Rückzahlmöglichkeiten der Auswanderer für chinesische Verhältnisse ins schier Fantastische steigen – wenn sie erst das gelobte Land erreicht haben. «In einem Jahr können sie mit Brokkoli-Schneiden in einem chinesischen Restaurant in Brooklyn mehr Geld verdienen als in zehn Jahren daheim», schreibt Patrick Radden Keefe. Der Kriminologe Sheldon Zhang vergleicht die Bitte um Geld für die Überfahrt mit der Bitte um ein Darlehen für ein Harvard-Studium. Einen Verwandten in den USA zu haben, ist für chinesische Familien nach wie vor ein Statussymbol.

Als ihr Geschäft mit der Nachfrage wuchs, begann die einstige Familienunternehmerin Cheng Chui Ping mit Partnern in China, Hongkong, Thailand, Belize, Kenia, Südafrika, Guatemala, Mexiko und Kanada zu arbeiten. Die Aufgaben jeder Unternehmung verteilte sie auf Werber, Organisatoren, Transporteure, Dokumentenhändler und Ortskundige, die die Flüchtenden oft zu Fuß und durch verschiedene Länder zum jeweiligen Flughafen oder Hafen führten. Dazu kamen Crew-Mitglieder und Vollstrecker, die auf den Schiffen für Ordnung sorgten, sowie Schuldeneintreiber. Zu Chengs Mitarbeitern auf Zeit zählten Grenzpolizisten, Kontrolleure und Einwanderungsbeamte.

«Sie half, die ‹Von-China-nach-Chinatown›-Route in den frühen Achtzigerjahren zu etablieren», schreibt Radden Keefe. Sie rekrutierte ihre Kunden aus ihrer Heimatprovinz Fujian. Die Fujianer hatten einige gute Gründe, ihre Heimat zu verlassen: politische Unterdrückung, Chinas Ein-Kind-Politik, das daraus resultierende Sterilisations-Programm und die erzwungenen Abtreibungen. Und viele bekannten in Interviews, dass hauptsächlich der amerikanische Kapitalismus sie gelockt hatte. «In China rackern sie wie Sklaven, aber in Amerika haben sie eine reelle Chance, ihr Leben umzudrehen», sagt der chinesische Reporter Justin Yu im Interview mit Radden Keefe.

Die Fujianer verehrten Cheng. Sie war eine von ihnen. Sie war die Frau aus Fujian, die es nach Amerika geschafft und dort zu etwas gebracht hatte. Dass sie womöglich selbst illegal ins Land gekommen war, brachte ihr einen weiteren Vertrauensvorschuss. Cheng, auf der anderen Seite, kannte sich in den Nöten und Träumen ihrer Landsleute aus. Sie kannte ihre Gewohnheiten. War vertraut mit ihren Lebensbedingungen. Sie wusste das alles zu Geld zu machen. Das ist, so darf man annehmen, noch kein Verbrechen. Macht es nicht jeder Kleidungshersteller und jeder Lebensmittelproduzent, jede Filmgesellschaft und jeder Buchverlag gleich? Die Basis für jedes erfolgreiche Angebot ist eine entsprechende Nachfrage. Die zu erkennen, braucht es Kenntnis. Von Menschen, ihren Umständen und ihren Bedürfnissen. Und wenn das entsprechende Bedürfnis fehlt, gilt es auch unter legalen Entrepreneuren als clever, es zu wecken. Bisweilen mit schädlichem oder fatalem Ergebnis.

In den Siebzigerjahren drängte der Schweizer Babynahrungshersteller Nestlé Mütter in Afrika mittels Radiowerbung, Plakaten und speziell geschulten «Milchschwestern» (Nestlé-Angestellte, die sich wie Krankenschwestern kleideten und prozentual am Umsatz beteiligt wurden) dazu, ihre Säuglinge mit Fertignahrung zu füttern, statt sie zu stillen. Wohl wissend, dass die Mütter weder das Geld für Milchpulver hatten, noch ausreichend sauberes Wasser und die hygienischen Voraussetzungen, um die Flaschenmilch keimfrei zuzubereiten. In einigen afrikanischen Ländern ist es Sitte, Verstorbenen einen Gegenstand aufs Grab zu legen, den die Angehörigen mit ihrem Tod im Zusammenhang sehen. Auf vielen Babygräbern lagen in jenen Jahren Milchpulverpackungen. 1974 beschrieb der britische Journalist Mike Muller zusammen mit den Anti-Armuts-Campaignern von «War on Want» Nestlés Praktiken in einer Broschüre unter der Überschrift «The Baby Killer». Die Berner Arbeitsgruppe Dritte Welt übernahm den Titel für ihr Faltblatt in deutscher Übersetzung. Nestlé klagte wegen Verleumdung. Und gewann.

«Mit einem untrüglichen Riecher fürs Geschäft und einer Missachtung für das Leben Einzelner war Cheng für den Menschenschmuggel geradezu prädestiniert», schreibt Patrick Radden Keefe. Eine ihrer Schwestern traf die Kunden in Hongkong, stattete sie mit falschen Pässen aus und ging mit ihnen westliche Kleidung kaufen. Darin sahen sie eher wie gewöhnliche Reisende aus. Ihr Bruder erwartete die Geschmuggelten am Zwischenstopp in Guatemala. Ihr Mann schaffte die Geldmengen, die das Business einbrachte, in Koffern außer Landes. Sister Ping nahm die

Neuankömmlinge schließlich in Kalifornien in Empfang und geleitete sie nach New York.

Das Geschäft mit dem Schmuggeln von Menschen biete sich für Frauen mehr an als jedes andere kriminelle Unternehmen, schreiben die Kriminologen Sheldon Zhang, Ko-Lin Chin und Jody Miller. Gewalt und das Abstecken und Verteidigen von Revieren nehmen in der Branche nur einen geringen Stellenwert ein. In der legalen Geschäftswelt glänzen Frauen beim Aufbau und Unterhalt persönlicher, hochkooperativer Netzwerke. Die sind für den reibungslosen Betrieb von Schmuggeloperationen unerlässlich. Stereotype Vorstellungen, dass Frauen besonders fürsorglich und auf Sicherheit bedacht sind, verschaffen ihnen hier einen weiteren Vorsprung. Das FBI beschreibt Chengs Methoden auf seiner Website als «brutal». «Zwar mussten einige Kunden bei Reiseantritt nur einen Teil der Gebühren zahlen. Aber waren sie erst in den USA angekommen, wurden sie festgehalten oder es wurde ihnen Gewalt angedroht, bis sie die volle Summe beglichen hatten.» Cheng habe oft Mitglieder der Fuk Ching Gang geschickt, um das Geld einzutreiben. Die waren berüchtigt für ihre Unerbittlichkeit und Brutalität.

In ihren ersten Jahren im Business arrangierte Cheng die Transporte – den ersten Teil der Reise mit dem Flugzeug, den letzten Teil im Lastwagen oder zu Fuß – mit Umsicht und Sorgfalt. Oft kümmerte sie sich persönlich um die Ankömmlinge. Radden Keefe erzählt von einem jungen Mann aus Fujian, der 1984 in die USA fliehen wollte. Er trat über einen Verwandten mit Cheng in Kontakt. Die organisierte seine Reise von China nach Mexiko. Dort versteckte er sich für die letzte Etappe mit anderen im doppelten Fußboden eines Lastwagens und wurde über die Grenze gefahren. Sister Ping nahm die Gruppe in Los Angeles in Empfang. «Herzlichen Glückwunsch! Ihr habt die Vereinigten Staaten erreicht.» Die Probleme begannen, als Chengs Business, der Nachfrage folgend, ins Unkontrollierbare wuchs. Ein Phänomen, das man so oder ähnlich aus legalen Unternehmen kennt.

Jeff Bezos' Buchhandel Amazon, in seinen Anfängen aus der elterlichen Garage heraus betrieben, wuchs innerhalb von weniger als 20 Jahren zu einem multinationalen Online-Warenhaus mit 1,5 Millionen Angestellten. Um seine Kunden zufriedenzustellen und sich den Vorreiterplatz in der Branche zu sichern, bietet Amazon an immer mehr Orten Lieferung am nächsten oder noch am selben Tag an, zulasten der Arbeiter in den Logistikzentren. Von 2015 bis 2018 wurden in England sechshundertmal Krankenwagen dorthin gerufen; allein am Standort Rugeley, bei Birmingham, fuhren die Krankenwagen 115-mal, notiert die britische Tageszeitung «The Guardian». Mehr als 1000 Menschen arbeiten hier, in der Weihnachtszeit sind es bis zu 2000. Drei der Anrufe betrafen schwangere Arbeiterinnen, drei weitere erfolgten nach schweren Verletzungen. In zwei Fällen hatten Arbeiter Stromschläge erlitten, achtmal war jemand in Ohnmacht gefallen. Zum nahe gelegenen Warenhaus der Supermarktkette Tesco – in der Quadratmeterzahl vergleichbar mit dem Amazon-Logistikzentrum, und mit 1300 Arbeitern – wurde im selben

Zeitraum nur achtmal ein Krankenwagen gerufen. Weltweit klagen Amazon-Arbeiter, dass sie, um die von der Firma gesetzten Ziele zu erreichen, keine Essens- und Trinkpausen machen und nicht aufs Klo gehen dürfen. Es habe Fehlgeburten und Todesfälle gegeben. «Die Arbeiter werden behandelt wie Roboter», sagte ein Gewerkschaftssprecher der Tageszeitung «The Guardian». Innovation bedeutet oft auch, Wege zu finden, um aus Menschen das Letzte herauszuholen, ihre Arbeitskraft optimal zu nutzen. Für den größtmöglichen Erfolg.

Cheng Chui Ping war schließlich auf die Hilfe von Subunternehmern angewiesen. Die einst umsichtige Cheng begann bei der Auswahl ihrer Kurzzeit-Geschäftspartner nachlässig zu werden. Im Januar 1989 kam es zu einem ersten Unglück. Vier ihrer Kunden ertranken, als einer ihrer Partner sie auf einem wackligen Floß über den Niagara-Fluss von Kanada in die USA schickte. Cheng konnte nie mit ihrem Tod in Verbindung gebracht werden, dennoch wurde sie kurz darauf erstmals verhaftet. Ein Partner hatte mit dem FBI kooperiert und sie am Flughafen von Toronto in die Falle gelockt. Nach vier Monaten Haft arbeitete Cheng ein paar Jahre als Informantin für das FBI, ohne ihr Schmuggelgeschäft aufzugeben. Anfang der Neunzigerjahre stellte sie Mitglieder der Fuk Ching Gang als Geldeintreiber an. Der Anführer war ein mehrfacher Mörder, der Cheng ein paar Jahre zuvor in ihrem Haus überfallen und ausgeraubt hatte. Gewalt schien offenbar auch ihr als ein probates Mittel, um die Kontrolle über ihr wucherndes Business zu behalten.

Es war der Anführer der Fuk Ching Gang, der die «Golden Venture» vor Rockaway mit seinen Männern hatte in Empfang nehmen und die Passagiere mit kleinen Booten an Land bringen sollen. Als sie nicht kamen, ließ die Mannschaft das Schiff auf Grund laufen. Die Hälfte der überlebenden Passagiere wurde verhaftet und nach China deportiert, die anderen wurden auf Internierungsgefängnisse überall in den USA verteilt. Sie blieben 42 Monate in Haft, bevor Bill Clinton ihnen eine humanitäre Begnadigung gewährte. Die gestattet den Begnadigten zu arbeiten und Steuern zu zahlen, aber sie garantiert ihnen kein Bleiberecht. Es ist ein dauerhaftes Übergangsstadium, das jederzeit mit der Abschiebung enden kann. Einige von denen, die tatsächlich abgeschoben wurden, kamen zurück. Auf dem gleichen Weg, auf dem sie das erste Mal in die USA gekommen waren.

Derweil betrieb Cheng weiter ihr Schmuggelgeschäft. Von Fujian aus. Dorthin war sie 1994 vor dem FBI geflohen. Ist das Gier? Oder ist es besagte Mischung aus Leidenschaft und Verbissenheit? Braucht es ein bisschen Größenwahn, um als Entrepreneur erfolgreich zu sein, ob legal oder illegal? Den unbeirrbaren Glauben, dass das Unmögliche möglich ist? Nachdem das FBI sie in China aufgespürt hatte, kämpfte Cheng drei Jahre gegen ihre Auslieferung. Sie war sicher, sie müsse gewinnen. Was ihr vorgeworfen werde, sei viel zu lange her, als dass man sie noch dafür bestrafen könne! Auch noch 2003, bei ihrer Überführung in die USA, war sie sicher, dass man sie freilassen würde, sobald sie in New York landete. Drei Jahre später verurteilte sie ein New Yorker Richter zu 35 Jahren Haft. Sie starb 2014 an Krebs, in einem Gefängniskrankenhaus in Texas.

Während des Prozesses waren viele in Chinatown der Überzeugung: «Hier wird Robin Hood verurteilt!» Selbst einer der Passagiere der «Golden Venture» fand gegenüber dem Journalisten Patrick Radden Keefe nichts Schlechtes über Sister Ping zu sagen: «Sie ist eine sehr nette Dame. Wenn ein paar ihrer Kunden zufällig gestorben sind, dann ist das nicht ihre Schuld.»

Moralische Klarheit, wie soll man die finden?

# Von Brokern und der unbändigen Freude am guten Gelingen – Wie beim Erfolgsgeschäft alles zusammenkommt

«Es ging mir ums Geld. Ich kann nicht so tun, als hätte ich es aus irgendwelchen anderen Gründen gemacht.»

HOWARD MARKS

«Cannabis-Schmuggeln hatte für mich mehr Suchtpotenzial als alles andere.»

HOWARD MARKS

Was braucht man, um ein über Jahrzehnte erfolgreicher und, im polizeilich erzwungenen Ruhestand, zu «Großbritanniens meistgeliebtem Drogendealer» zu werden? Die Bedingungen sind auch hier so ziemlich die gleichen wie für jedes andere Business der Welt. In erster Linie musst du Freude haben an dem, was du tust. Wenn du dein Geschäft nicht mit Leidenschaft betreibst, fang es besser erst gar nicht an. Du brauchst ein Faible für Risiko. Und, natürlich, ein Gespür für und einen Draht zu Menschen. Die richtigen Menschen. Zur jeweils richtigen Zeit. Du musst dir ein Netzwerk schaffen, und dich umsichtig und geschickt darin platzieren. In einer Position, die dir die größtmögliche Sicherheit bietet. Und den höchsten Gewinn.

Als der Brite Howard Marks im Juli 1988 in seinem Haus auf Mallorca von Beamten der Spanischen Nationalpolizei verhaftet wird, ist er seit zwei Jahrzehnten erfolgreich im Marihuana-Schmuggel tätig. Erfolgreich? Ach was, Marks ist der Größte. Er schmuggelt den besten Stoff, die größten Mengen. Auf dem Höhepunkt seiner Karriere: 30 Tonnen Marihuana in einer einzigen Ladung, von Thailand nach Kanada. Geschätzter Wert: 100 Millionen Dollar. «Vertrieb wohltuender Kräuter», nennt Marks sein Business später in seiner Autobiografie. Und wundert sich, dass er dafür zu 25 Jahren Knast verurteilt worden war, von denen er sieben absitzen musste, in der Terre Haute Penitentiary im US-Bundesstaat Indiana. Der Boxer Mike Tyson war zu sechs Jahren verurteilt worden, von denen er gerade mal drei Jahre hatte absitzen müssen. Für Vergewaltigung.

Während seiner zwei Drogendealer-Dekaden hat Howard Marks, nach eigenen Angaben, mit Agenten der amerikanischen CIA zusammengearbeitet. Er unterhielt Kontakte zum britischen Geheimdienst MI6. Hatte Partner in der irischen Terrororganisation IRA. Er handelte mit der sizilianischen Mafia. Einmal, sieben Jahre vor seiner Verhaftung auf Mallorca, hatten die britischen Strafverfolger ihn geschnappt und dann auf Kaution freigesetzt. Seither war Marks auf der Flucht. «Der meistgesuchte Mann der Welt», las er in den Zeitungsschlagzeilen über sich. Er versteckte sich hinter immer neuen Namen und Identitäten, reiste mit 43 verschiedenen Pässen um die Welt und betrieb unbeirrt sein Geschäft. Auf seinen Fersen eine Koalition aus örtlichen Polizisten von Großbritannien, Kanada, den USA, den Niederlanden, Pakistan, den Philippinen, Hongkong, Thailand, Portugal, Australien, und der amerikanischen Drogenbekämpfungsbehörde DEA.

Die Allianz der Strafverfolger warf Marks vor, seit 1970 mehrfach Cannabis in großen Mengen über internationale Grenzen geschmuggelt zu haben. Er sei der Kopf eines weltweit operierenden, straff durchorganisierten Drogenschmuggelrings. Das «Marks-Kartell» habe 15 Prozent des gesamten in den Siebziger- und Achtzigerjahren in die USA eingeführten Cannabis ins Land geschafft, zehn Prozent des weltweiten Handels kontrolliert. 300 bis 600 Leute hätten für Marks gearbeitet. «Das ist Quatsch», sagte Marks im Interview mit dem Internetkanal «London Real». «Ich meine, ich hätte nichts dagegen gehabt, wenn es so gewesen wäre. Aber es gab kein Kartell.» Der kanadische Kriminologe Carlo Morselli, der Marks' Geschäftspraktik erforscht und mit der Praktik des Mafia-Mannes Sammy «The Bull» Gravano verglichen hat, kommt zu dem gleichen Schluss.

Howard Marks, alias Donald Nice, Brendan McCarthy, Stephen McCarthy, Anthony Tunnicliff, Peter Hughes, wurde 1945 in Wales geboren, als Sohn einer Lehrerin und eines Kapitäns der Handelsmarine. Er wuchs in dem kleinen Dorf Kenfig Hill auf, in seinen ersten fünf Lebensjah-

Marks sagt, es sei nicht seine Absicht gewesen, Drogendealer zu werden. «Ich hatte anfangs nur großes Interesse daran, Cannabis zu rauchen.»

ren sprach er ausschließlich walisisch. Der clevere Schüler gewann ein Stipendium am Balliol College in Oxford. Im Kreis seiner Kommilitonen, unter ihnen der renommierte Epidemiologe Julian Peto und die Journalistin Lynn Barber, probierte er erstmals Marihuana. Marks, begeistert von der «wohltuenden Wirkung» des Krauts, hing gleich am Haken. Beziehungsweise: in seinen Bachelor-Jahren und lange darüber hinaus am Joint. Das Examen schaffte er mit Schummeln und indem er seine Aufsätze in letzter Minute zusammenrecherchierte und -schrieb, erhielt seinen Abschluss in Nuklearphysik. Auch das, kann man sagen, ist eine Kunst.

Es hieß, er hätte das Zeug gehabt, ein hervorragender Akademiker und Nuklearphysiker zu werden. Stattdessen habe er seine Intelligenz und seine Talente auf kriminelle Machenschaften verschwendet. Diese Sicht setzt zweierlei voraus: Erstens, dass sich Intelligenz und bestimmte Talente in beliebig viele Felder einbringen lassen – ob für legale oder illegale Zwecke. Dass du in der Lage bist, für jede denkbare Tätigkeit das gleiche Maß an Leidenschaft aufzubringen, und dass du dein Können mit gleicher Intensität einsetzt. Und zweitens, dass du eben doch einen freien Willen hast. Die Möglichkeit und die Kapazität zwischen beidem zu entscheiden: einer Akademikerlaufbahn oder der Karriere als Drogendealer.

Marks sagt, es sei nicht seine Absicht gewesen, Drogendealer zu werden. «Ich hatte anfangs nur großes Interesse daran, Cannabis zu rauchen.» Aber er habe mehr und mehr rauchen wollen und immer mehr Sorten probieren.

«So wurde ich, was man allgemein einen Dealer nennt. Rückblickend ist das nichts anderes als jemand, der mehr Marihuana hat, als er rauchen kann.» Über die ersten fünf Jahre habe er mit dem Handel hauptsächlich seinen beträchtlichen Eigenbedarf finanziert (er rauchte bis zu zwanzig Joints am Tag). Mit der Zeit nahm das Dealen einen immer größeren Stellenwert ein. «Bis offensichtlich wurde, dass es mein Karriereweg war. Nicht der akademische Kurs, den ich belegt hatte.» Innerhalb von zwei Jahren wurde der Kleinmengendealer Marks zum Hochrisikoträger. Er fuhr bis zu hundert Kilo Cannabis in seinem Auto durch London. «Durch Polizeikontrollen, Absperrungen, das alles. Das war riskant, na klar.» Aber je größere Risiken er auf sich nahm, und je öfter er das tat, umso einfacher wurde es. «Es wurde normal.» Und normal wurde auch, damit durchzukommen.

Die Kriminologie beschreibt das Phänomen mit dem Begriff Selbstwirksamkeit. Das ist das Gefühl, besser die Erfahrung, dass du etwas kannst. Dass du, aufgrund deines Wissens, deiner Fähigkeiten, deiner Kontakte, und des Geschicks, mit dem du diese Kontakte einzusetzen verstehst, großartige Arbeit leistest. Dass du das Unmögliche möglich machst. Immer aufs Neue. War es Gier, die Howard Marks, Bernard Madoff und Cheng Chui Ping trieb?

Ab einem gewissen Zeitpunkt in ihren Karrieren hatte jeder dieser drei mehr als genug Geld. Studien legen nahe, dass, sind unsere Grundbedürfnisse befriedigt, ein Mehr an Geld uns nicht glücklicher macht. Bernard Madoff lebte, wenn auch nicht bescheiden, dann doch unter seinen finanziellen Möglichkeiten, schon um sich nicht verdächtig zu machen. Cheng Chui Ping kleidete sich auch als Multimillionärin wie eine arme Frau. Neben ihrem Bekleidungs- und Lebensmittelgeschäft, dem Restaurant und ihrem Sandstein-Familienhaus auf dem East Broadway schien sie kein Interesse an Statussymbolen zu haben. Keines, für die sie eine Million nach der anderen hätte scheffeln müssen. Sicher, Marks sagte, er «tat es fürs Geld». Aber er sagte auch: «Cannabis-Schmuggeln hatte mehr Suchtpotenzial für mich als alles andere.» Sitzen wir einem folgenschweren Denkfehler auf, wenn wir Regelbrechern wie Marks, Madoff und Cheng eine unstillbare Gier nach Geld als Motiv unterstellen? Weil wir gelernt haben, Erfolg unwiderruflich an Geld zu knüpfen, an Wohlstand, Besitz?

Womöglich war Geld nur in zweiter Linie ein Ansporn für sie. Der Nebeneffekt eines anderen, weit mächtigeren Antriebs: Selbstwirksamkeit. Sich beweisen wollen. Und sich beweisen können. Gewinnen spornt an. Auch das haben legale und illegale Geschäfte gemein.

In Oxford war Howard Marks schnell beliebt. Seine ersten Partner und Kunden fand er im engen Freundeskreis und im «Old Boys»-Netzwerk der Universität. «Eine seltsame Mischung von Waliser Aussteigern und Oxford-Akademikern», schreibt Marks in seiner Autobiografie «Mr Nice». Viele blieben ihm über die Jahre als Geschäftspartner erhalten. Andere zogen sich zurück, nachdem sie verhaftet worden waren oder abhängig wurden von Heroin.

Marks hatte sich nach dem Drogentod eines Freundes geschworen, nie die harten Sachen zu versuchen. Bei seinem Eintritt in Oxford, Mitte der Sechzigerjahre, hatte er den Haschisch-Dealer Graham Plinston kennengelernt. Der nahm ihn als Lehrling an. Und unter seinen Fittichen brachte es Marks innerhalb von zwei Jahren vom Großkunden mit 20 Joints am Tag zu einem kleinen Einzelhändler, dann zu jenem Großhändler, der Hunderte Kilos zu Kunden in ganz London fuhr. Und schließlich zum internationalen Kurier.

Patricia Adler, die in der südkalifornischen Kommune der Drogenschmuggler und -dealer lebte und forschte, fand heraus: Ambitionierte Neulinge, die im mittleren Management einsteigen, steigen dank der Kontakte, dem Zugang und den Möglichkeiten, die sie ihnen bieten, schneller und weiter im Business auf. «Wer diesen Lebensstil attraktiv fand, fühlte sich mehr und mehr von der Subkultur angezogen und baute leicht (geldwerte) Beziehungen auf.» Wenn du etwas anfangen willst, fang es an mit Leidenschaft.

Anders als Bernard Madoff jedoch, der seinen illegalen Geschäftszweig für seine Kontakte mehr oder weniger verborgen betrieb, wussten Howard Marks' Partner von der Illegalität seines Business. Jeder weitere Kontakt brachte das Risiko mit sich, dass der neue seinen eigenen Kontakten von Marks' Business erzählen würde. Wie weit sich diese Information verbreitete und bei wem sie landete, lag mit jedem Kontakt weniger in Marks' Hand. Jeder, der von seinen Geschäften wusste, hätte ihn jederzeit auffliegen lassen können. Ob absichtlich oder aus Versehen.

«Es kommt nicht darauf an, was du weißt. Es kommt drauf an, wen du kennst!» Der Soziologe Mark Granovetter von der Stanford Universität in Kalifornien prägte diese mittlerweile zur Allerweltsweisheit gewordene Erkenntnis in den Siebzigerjahren. Granovetter befragte 282 Männer, welche Rolle soziale Kontakte bei der Jobsuche für sie gespielt hatten. Er fand, dass «schwache Verbindungen» – lose Kontakte und flüchtige Bekannte – hilfreicher waren als «starke Verbindungen», also der innere, intime Freundeskreis. Heute scheint uns seine Beobachtung selbstverständlich. Damals, als Granovetter seine Ergebnisse veröffentlichte, hielt die Soziologen- und Wirtschaftswelt den Atem an. «Deine schwachen Verbindungen bringen dich mit Leuten außerhalb deines engsten Kreises in Kontakt», erklärte Granovetter in einem Interview. «Sie versorgen dich mit Informationen und Ideen, zu denen du sonst keinen Zugang gehabt hättest.» Das gilt auch online. Ein Forscherteam der Universitäten Stanford und Harvard und vom Massachusetts Institute of Technology (MIT) bestätigte 2022 in einer Studie Granovetters Ergebnisse für die Internet-Businessplattform LinkedIn.

Zufällige, flüchtige Begegnungen sind bei legalen und illegalen Geschäften entscheidend. Sie eröffnen Möglichkeiten. Bieten Gelegenheiten, die sich nicht voraussehen, nicht planen lassen, weil du ohne die Zufallsbegegnung von der Gelegenheit nichts weißt. Anders als im legalen Business ist im illegalen Unternehmen allerdings Vorsicht bei der Kontaktsuche und -aufnahme geboten. Flüchtige neue Verbindungen erhöhen nicht nur die Option auf Gelegenheiten – sie erhöhen auch das Risiko, selbst, wenn ein Vertrauter für die Neuen bürgt. Die Kunst ist, Kontakte auf ein möglichst risikoarmes Maß zu beschränken, ohne Gewinnchancen zu verlieren. Es war das Maß, in dem Howard Marks diese Kunst beherrschte, die ihn zum Dealer-Star machte, fand Carlo Morselli.

«Er stand nicht an der Spitze eines Kartells, er war nicht mal Mitglied einer kriminellen Organisation. Er war auch nicht Teil eines monopolistischen oder eines oligopolistischen Versuchs, auf irgendeinem Level in irgendeiner Ecke der Welt den Cannabismarkt zu beherrschen.» Marks war ein liberaler, unabhängiger und willensstarker krimineller Unternehmer. Aber die Essenz seines Erfolgs offenbare sich in der Struktur des Netzwerks, das sich hinter seinem scheinbaren Chaos versteckte, schreibt Morselli.

«Er stieg in den späten Sechzigerjahren über seine starken Oxford-Verbindungen ins Geschäft ein und erweiterte diese fruchtbaren Arbeitskontakte im Verlauf der Siebzigerjahre.» Er suchte und fand ein paar neue starke Verbindungen. Und ein paar unerlässliche, wenngleich höchst riskante schwache. «Wenn man sich innerhalb eines kriminellen Netzwerkes einen Ruf aufbauen und seine Reichweite, die Gelegenheiten und geschäftlichen Aktivitäten konstant erweitern will, muss man ein hoch ambitionierter Risikoträger sein», schreibt Morselli. Howard Marks war so ein leidenschaftlich arbeitender, risikofroher Mensch.

Das Hormon ist ein exzellenter Verbündeter, wenn du es im Geschäftskampf zu etwas bringen willst – wenn auch aus anderen Gründen, als wir gemeinhin denken.

Nach seinem Abschluss zog er nach London und begann, an der Universität zu unterrichten. «Ich hatte wirklich diese Vorstellung, dass ich eine akademische Karriere machen würde», sagt Marks im Interview mit «London Real», als Dozent oder als Forschungsbeauftragter. «Ich ließ diese Idee nur ungern fallen. Aber gleichzeitig war ich immer mehr im Cannabisgeschäft involviert.» Es war eine graduelle Entwicklung. Bis er mit 27 «die akademischen Hallen dauerhaft verließ.»

Es waren Vor-Schengen-Zeiten, also zwischen jedem europäischen Land noch eine Grenzkontrolle. Wie das war, die beispielsweise nach Deutschland eingeflogenen paar hundert Kilo Dope durch eine Kontrolle nach der anderen zu fahren und dann mit dem Boot nach England zu schmuggeln? «Wundervoll aufregend», sagt Marks den Interviewern von «London Real». «Und natürlich beängstigend! Bei jeder Grenze, die du anfährst, denkst du, oh mein Gott, was wird passieren, es kann alles passieren, komme ich je wieder heim? Vielleicht werde ich für die nächsten 20 Jahre weggesperrt. Dann ergibst du dich dieser Angst. Entscheidest dich, alles zu geben. Wenn du's dann rübergeschafft hast, ist das wie ein religiöser Flash. Ein Orgasmus ohne Sex.» Der Ausdruck auf seinem Gesicht lässt keinen Zweifel zu, wie einzigartig wundervoll dieses Leben war. Das ist Selbstwirksamkeit. Und, sehr wahrscheinlich, eine gehörige Dosis Testosteron.

Das Hormon ist ein exzellenter Verbündeter, wenn du es im Geschäftskampf zu etwas bringen willst – wenn auch aus anderen Gründen, als wir gemeinhin denken. Es ist nicht eine mythische testosterongeförderte Aggression, die Gewinner schafft. Richtig ist: Männer haben einen höheren Testosteronspiegel als Frauen. Das gilt für alle Kulturen und alle Arten. Männer zeigen sich auch durch alle Kulturen und Arten hindurch aggressiver. Das legte lange den Verdacht nahe, dass Testosteron für Aggression verantwortlich ist. Jüngste Studien lassen auf einen anderen Zusammenhang zwischen beidem schließen. Zwar zeigten in Gefängnisstudien aggressivere Häftlinge einen höheren Testosteronspiegel als die ruhigeren Insassen. Aber: Aggression regt die Testosteronproduktion an. Was ist also das Huhn? Was das Ei?

Der Neurowissenschaftler Robert Sapolsky schlägt vor, klüger zu fragen: Ist ein erhöhter Testosteronspiegel ein Indikator für Aggression? «Die Antwort ist, auf alle Arten bezogen, nein.» Auch der britische Psychologe John Archer fand «nur einen schwachen, unschlüssigen Bezug zwischen Testosteronspiegel und Aggression ... Die Verabreichung von Testosteron steigert üblicherweise nicht die Aggression von Probanden.»

Was ein Mehr an Testosteron allerdings in die Höhe treibt, ist: Risikofreude. Zuversicht. Optimismus. Gleichzeitig mindert es Angstgefühle und Nervosität. Ein Ergebnis dieser Kombination ist der sogenannte Gewinner-Effekt. Forscher fanden heraus: Labortiere, die einen Kampf gewinnen, sind eher bereit, sich auf einen nächsten Kampf einzulassen, aus dem sie oft erneut als Sieger hervorgehen. Gewinnen hebt den Testosteronspiegel. Der erhöhte Testosteronspiegel wiederum macht uns zuversichtlich, dass wir auch beim nächsten Mal die Sieger sind. Athleten und Börsenmakler gewinnen nach diesem Prinzip. Und, offenbar, Drogendealer. Selbst dann noch, wenn sie längst in Rente gegangen sind. «Der Erfolg stieg mir komplett zu Kopf», schreibt Marks. «Seither habe ich auf die ein oder andere Art davon gelebt.» Sollte man sich als Geschäftsmensch also eine Dosis Testosteron spritzen lassen, um den Gewinner-Kreislauf in Gang zu setzen und seine Erfolgsaussichten zu erhöhen? Der Schuss kann nach hinten losgehen. Ein Zuviel an Optimismus und Selbstvertrauen kann gefährlich sein. Das erfuhr später auch Howard Marks.

Bis zum Ende der Siebzigerjahre hatte er seine Verbindungen weitgehend ausgeschöpft. Ein weiterer Ausbau seines Netzwerks war nur noch mit größtem Risiko möglich. Stattdessen nutzte Marks seine Kontakte zu Exporteuren in Afghanistan und Pakistan und zu Importeuren in England und den USA, um sich zwischen ihnen als Broker zu installieren. Als Mittelsmann und als Teilhaber. Marks musste die einzelnen Cannabis-Deals und -Transporte nicht länger selbst initiieren, organisieren und koordinieren. Er stand nicht länger im Zentrum des Geschehens, denn eine solch zentrale Position ist bestenfalls aus der Sicht eines Unternehmensvertreters interessant, schreibt Morselli. Jeder einzelne Akteur, für sich genommen, bevorzugt eine Stelle an der Peripherie des Geschehens. Marks agierte schließlich nur noch an dieser Peripherie, als Vermittler. Die Exporteure brauchten ihn, um ihre

Ware an die Käufer zu bringen. Die Importeure brauchten ihn, damit er den Produzenten ihr Interesse signalisierte. Diese Position gab ihm Kontrolle. Und mehr Sicherheit.

Branchentrends und Marktbedingungen sind ausschlaggebend für den Wert eines Unternehmens. Grundlage für jede erfolgreiche Geschäftstransaktion sind darum eine umfassende Kenntnis und ein tiefgreifendes Verständnis des Marktes, daraus ergibt sich der aktuelle Unternehmenswert. Das ist eine komplexe Aufgabe. Sie umfasst die Analyse von Finanzberichten, das Verständnis von Branchenstandards und die Berücksichtigung verschiedener Faktoren wie Nachfrage, Wettbewerb und Zukunftspotenzial. Broker, mit ihrer oft langjährigen Erfahrung und ihren weitreichenden Kontakten, haben ihren Kunden genau das zu bieten. Sie sind mit den jüngsten Trends vertraut, kennen vergleichbare Geschäftsumsätze und kennen sich in verschiedenen Branchen aus. Ihr Wissen ermöglicht es ihnen, den Wert eines Unternehmens genau einzuschätzen und sowohl Käufer als auch Verkäufer fundiert zu beraten und sie vor Fehlentscheidungen zu bewahren. Ein zu hoch angesetzter Preis kann potenzielle Käufer abschrecken. Ein zu niedriger Preis bedeutet Verluste für den Verkäufer.

Der Broker verkauft nicht das jeweilige Produkt, das er zwischen den Parteien verhandelt. Seine Waren sind sein Wissen, seine Erfahrung und der effektive Einsatz seiner Kontakte. Er analysiert die Nachfrage und hat ein Auge aufs Angebot. Als Marketer preist er die Ware an. Als Projektmanager sorgt er dafür, dass der Deal zustande kommt und reibungslos läuft. Seine Expertise spart den Verhandlungspartnern Zeit, Geld, Mühe und Risiken. Er hilft den Verkäufern, den Wert und das Potenzial ihres Unternehmens zu erkennen. Er sorgt dafür, dass das Geschäft in die richtige, weil effektive Richtung geht und hält die Verhandlungspartner auf Spur. Er braucht nicht nur Wissen, Geschick, Erfahrung, soziale Kompetenz und finanzielle Mittel. Er muss auch in der Lage sein, diese Ressourcen optimal zu koordinieren. Der Broker ist mehr als nur Mittelsmann. Er ist, wenn er's richtig macht, ein unverzichtbarer Teil der Geschäftsabläufe. Seine Hauptaufgabe ist darum, sich unverzichtbar zu machen. Patricia Adler fand in ihrer Analyse der südkalifornischen Drogendealer und Schmugglerkommune, dass nur wenige das Potenzial für diese Position haben.

Die Gespräche zwischen Broker und Exporteur in Marks' Autobiografie «Mr Nice» machen die Position klar. «Wo das Produkt endet und bei wem, interessiert mich nicht», sagt Malik, sein Hauptproduzent in Pakistan während eines Deals. «Ich habe nur mit dir zu tun, Howard Marks. Wie und wohin ich das Produkt schicke, bestimmst du. Wie ich dafür bezahlt werde, bestimme ich.» Und ein andermal: «Ich bin nur dir gegenüber verpflichtet, nicht irgendeinem Amerikaner (dem Käufer). Du darfst mich gern zur Fabrik meines Stammes am Khyber Pass nahe Peshawar begleiten. Du kannst die Qualität wählen. Du kannst das Dope inspizieren. Aber kein Amerikaner kommt mir dahin!»

Adler beschreibt das Vermitteln als einen letzten Versuch, im Geschäft Fuß zu fassen. «Diese Position nehmen nur Randfiguren ein, die ums geschäftliche Überleben kämpfen. Dealer, die nicht in der Lage waren, Kontakte für den Kauf und Verkauf des Produktes aufzubauen und diese Kontakte aufrechtzuerhalten.» Carlo Morselli dagegen sieht die Broker-Stellung als die privilegierteste Geschäftsposition von allen: «Die Distanz der Broker zur illegalen Ware und zu den Aktivitäten verschafft ihnen die größte Sicherheit. Bei gleichzeitiger Gewinnbeteiligung.» Sie sind das entscheidende, unverzichtbare Bindeglied zwischen Gruppen, die sonst nie in Kontakt kommen. Tatsächlich beschreibt einer von Patricia Adlers Dealer-Freunden und Probanden seine Aufgaben dementsprechend: «Es ist nicht wirklich dealen … Man bringt zwei Kontakte miteinander zusammen, aber der Trick ist, sie voneinander getrennt zu halten, damit sie nicht wissen, wer der jeweils andere ist, und sie dich brauchen, um das Geschäft abzuschließen.» Howard Marks beherrschte auch diese Kunst über Jahre.

Neben dem Drogenbusiness gründete er eine Reihe vorzeigbarer Geschäfte. Er unterhielt einen Weinimport auf Mallorca. Eröffnete einen Massagepalast in Bangkok. Betrieb ein paar Bars in Spanien. Mal dienten diese legalen Unternehmen als Fassade für sein illegales Business. Mal waren sie der Versuch, nach einem Ausstieg aus dem Cannabis-Schmuggel legal Fuß zu fassen. Was immer seine jeweiligen Intentionen waren, Drogendealer und Schmuggler leben nicht in einer kriminellen Blase. Entgegen der

Was zog Marks von seinen Ausflügen in die geschäftliche Legalität zurück in sein altes illegales Geschäft? War es «der Saft», jene Art Lebensenergie, die mit Potenzial und Macht kommt?

allgemeinen Vorstellung existiert ihre Welt nicht jenseits und abgeschottet von der legalen Welt. «Der soziale und körperliche Raum, in dem Kriminelle sich bewegen, unterscheidet sich nicht vom Raum, den der Rest der Gesellschaft bevölkert», schreibt der Kriminologe Peter Reuter. «Sie spazieren auf denselben Straßen, essen in denselben Restaurants und schicken ihre Kinder auf dieselben Schulen.» Andersherum gilt, selbstverständlich, das Gleiche: Die legale Welt ist nicht abgeschottet von der kriminellen. Die Grenzen sind durchlässig, in beide Richtungen.

Was zog Marks von seinen Ausflügen in die geschäftliche Legalität zurück in sein altes illegales Geschäft? War es «der Saft», jene Art Lebensenergie, die mit Potenzial und Macht kommt? War es das Adrenalin, der Spaß an der Sache? «Das alles zusammen», sagte Marks gegenüber «London Real». Das Geld. Das Hochgefühl, wenn es ihm wieder gelungen war, Grenzer und Ermittler übers Ohr zu hauen. «Cannabis-Schmuggeln hatte ein höheres Suchtpotenzial für mich als alles andere.» Schwer vorstellbar, dass die Nuklearphysik ihm ein ähnliches, geschweige denn das gleiche Hochgefühl verschafft hätte, wenn er die Möglichkeit gehabt hätte, sich frei für sie zu entscheiden. Oder war es doch so, dass Marks' genetisch auf Nervenkitzel und Abenteuerlust programmiertes Gehirn früh ein paar entscheidende Erfahrungen gemacht hatte – und dann ein paar mehr? Die ihn, Keith Richards gleich, unweigerlich auf seine Bahn geschickt hatten? Der Vater hatte ihn früh und oft mit zur See genommen. Er führte ihn – so kann man's, wenn man will, sehen – für jeweils diese paar Wochen in ein Leben jenseits der gemeinen Gesellschaft und des Alltäglichen ein. Sicher, das allein reichte nicht, um das Kind Howard unwiderruflich auf die Mr-Nice-Bahn zu schicken. Aber vielleicht gab es ihm den ersten sachten Schubs in diese Richtung.

Wenn es so ist, dass jede Begegnung, jede Erfahrung, jedes Erlebnis uns und unser Leben in eine bestimmte Richtung lenken, wenn jedes Geschehen das jeweils nächste Geschehen bedingt, weiter und immer weiter, bis an das Ende unserer Zeit – welche Schlüsse lassen sich daraus ziehen? Für unser Leben? Dafür, wer wir sind? Und für die Verhinderung von Verbrechern? Das scheint doch, alle Beobachtungen zusammengenommen, nicht so furchtbar schwer.

Ihr regelmäßiger Kontakt mit der legalen Welt erinnerte die von Patricia Adler erforschten Dealer und Schmuggler an die Annehmlichkeiten und die relative soziale Leichtigkeit, die sie mit dem Einstieg ins Drogengeschäft hinter sich gelassen hatten – und lockten sie zurück ins legale Leben. Mit dem Alter kam bei vielen von ihnen der Burn-out. «Nachdem der Lack des Neuen ab war, fanden die meisten Dealer und Schmuggler, dass ihr Job nicht länger hielt, was sie sich von ihm versprochen hatten», schreibt Adler. Mit dem Aufstieg im Geschäft änderten sich ihre Erfahrungen. Und sie sich selbst. «Sie waren nicht mehr die sorglosen Leute, die von einem Tag zum nächsten lebten, ohne sich um die Zukunft zu scheren. Ihr Erfolg machte sie nicht länger so high, dass sie nichts anderes interessierte als das nächste High.» Ist das der Preis für

Verbrechen? Manager im legalen Business erleben ähnliche Gefühle von Leere, Sinnlosigkeit und Angst. In Microsofts Work Trend Index, einer weltweiten, mehrere Unternehmen und Branchen umfassenden Umfrage, geben 53 Prozent von ihnen an, dass sie an Burn-out leiden.

Howard Marks glaubte nicht, dass Geschnapptwerden für einen illegalen Unternehmer unvermeidlich ist. «Ich war einfach dumm», sagte er im Interview mit «London Real». Er habe Fehler gemacht. Sein größter Fehler sei gewesen, sich nicht mit den amerikanischen Gesetzen vertraut zu machen. Dem Racketeer Influenced and Corrupt Organizations Act (RICO) vor allem. «Unter diesen Gesetzen lässt sich so ziemlich alles zusammenfassen und für kriminell erklären», sagte Marks. Kriminologen, die die Verfolgung organisierten Verbrechens erforschen, geben ihm recht.

Vielleicht war es das Testosteron, das Marks ins Netz der Drogenfahnder lockte. Blindes Selbstvertrauen, der unerschütterliche Glaube, stets richtigzuliegen, nichts falsch machen zu können – auch das sind Effekte einer gesteigerten Dosis. Vielleicht war es sein durch all die früheren Erfolge fehlgeleitetes Selbstvertrauen, das Howard Marks nach zwanzig erfolgreichen Jahren scheitern ließ. Der testosterongesteuerte Irrsinn, dass es auf immer und ewig gut gehen wird, weil es so lange gut gegangen ist. Auszuschließen ist es nicht. Und doch war es vielleicht ganz anders.

Nach einer Phase der Abstinenz vom illegalen Business war Marks 1983 wieder ins Cannabisgeschäft eingestiegen. Wie früher kontaktierten ihn die Interessenten, damit er

Kontakt zu den Produzenten für sie aufnahm. «Aber Marks schien den Geschäftsbiss verloren zu haben, den er sich über zehn Jahre bewahrt hatte», schreibt Morselli. Bei zwei Gelegenheiten tat er genau das, was kein Broker tun sollte, wenn er sich nicht überflüssig machen will: Er brachte Exporteur und Importeur direkt miteinander in Kontakt. Bei beiden Gelegenheiten übergingen die Partner Marks beim Abschluss des Deals. Er nahm es scheinbar gelassen: «Ich war ein bisschen griesgrämig, dass sie einfach so taten, als gäbe es mich nicht, aber ich wollte ihnen auch nicht im Wege stehen», schreibt Marks in «Mr Nice». Hatte er seinen Biss verloren? Oder verzichtete Marks absichtlich darauf?

Die meisten von Patricia Adlers Drogendealern und Schmugglern hatten das Geschäft von Anfang an nur als zeitliche begrenzte Option gesehen: «Verflucht, niemand will sein Leben lang Drogendealer sein!» Über die Jahre haderten viele von ihnen zunehmend mit der rauen Seite des Business. Da war der Stress, immer am Ball und stets auf der Hut sein müssen. Zwischen den Party-Phasen litten sie immer öfter und schwerer unter Leere. Unter der Angst vor Entdeckung. «Früher hatten sie die ordentliche Welt langweilig gefunden», schreibt Adler. «Nun erschien sie ihnen, wenigstens in der Theorie, wie ein sicherer Hafen.» Wusste Marks nicht, wie er zurück in diesen Hafen kommen konnte? War das sein Ticket, dass er sein wichtigstes Kapital aufgab, seine Kontakte? Und dass er als Broker Selbstmord beging. Und sich überflüssig machte.

Von den Drogenmillionen sei nichts übrig geblieben,

sagte Marks in Interviews. Nur sein Haus auf Mallorca habe er noch. Obwohl die Drogenbekämpfungsbehörde DEA über vier Jahre versucht habe, ihm auch das wegzunehmen. Marks habe von seinem Haus aus illegale Geschäfte betrieben, argumentierten die Verfolger, und seine Telefonate als legale Geschäftsgespräche getarnt. Das erfülle den Straftatbestand des Racketeering, der Gaunerei. Es mache das Haus zu einem Teil seines kriminellen Vermögens und berechtige die DEA, es zu konfiszieren.

Solche Beschlagnahmungen sind in den Vereinigten Staaten immer öfter üblich. Basis dafür ist der Racketeer Influenced and Corrupt Organizations Act (RICO). 1970 ins Leben gerufen, um die Cosa Nostra zu bekämpfen, werden die Macht und die Freiheiten, die das Gesetz den Strafverfolgern verleiht, zunehmend in Fällen genutzt, für die RICO niemals vorgesehen war. Denn der Act befreit die Behörden von der Last, Beweise für kriminelles Verhalten erbringen zu müssen. Er berechtigt sie dazu, höhere Strafen zu verhängen. Nicht nur gegen erwiesene Verbrecher. Unter RICO werden auch Personen verfolgt, die nur im Verdacht stehen, kriminelles Verhalten zu unterstützen und damit Gewinne zu machen. Häuser und Autos, in denen Drogen verkauft werden, können beschlagnahmt werden, ob sie Drogenhändlern gehören oder nicht. Die Journalistin Sarah Stillman nennt im New Yorker-Magazin als Beispiel ein älteres Ehepaar, dessen Enkel von einem Undercover-Polizisten dazu verleitet wurde, auf ihrer Veranda kleine Päckchen mit Marihuana zu verkaufen. Die Großeltern konnten den Verkauf ihres Heims nur mit Glück und in letzter Instanz verhindern. Tausende andere haben weniger Glück, schreibt Stillman.

Sie erzählt, wie zwei texanische Streifenpolizisten ein junges Paar – mit seinen beiden Kindern unterwegs, um ein neues Auto zu kaufen – verfolgten, anhielten und den Wagen durchsuchten. Im Handschuhfach fanden sie das Bargeld für den Autokauf und eine Glaspfeife. Keine Drogen. Die Polizisten nahmen das Paar dennoch fest. Ihre Erscheinung passe zum gängigen Drogenhändler-Profil: mit einer Menge Bargeld an der texanischen Grenze unterwegs. «Die Kinder dienen womöglich zur Tarnung», notierte einer der Beamten. Die Bezirksstaatsanwältin gab dem Paar auf der Polizeistation zwei Optionen: Entweder werde sie die beiden wegen «Geldwäsche» und «Kindesgefährdung» vor Gericht stellen. Das hätte eine Gefängnisstrafe zur Folge, die wiederum erlaubte, ihnen die Kinder wegzunehmen und in Pflege zu geben. Oder sie konnten der Stadt ihr Geld überschreiben und man ließe sie ziehen. «Es wird keine Anzeige erstattet, und die Kinder werden nicht dem Jugendamt übergeben», stand auf dem Zettel, den sie dem Paar zum Unterzeichnen vorlegte. Solche Praktiken, Freiheit-gegen-Bares-Geschäfte genannt, sind überall in den USA üblich, schreibt Stillman.

Langfristig werden diese Praktiken nicht auf die USA beschränkt bleiben, fürchtet der Präventionsberater Tom Gash. «Polizeikräfte auf der ganzen Welt beobachten, wie ihre Kollegen in den USA mit diesen Methoden Geld verdienen, und setzen sich für ähnliche Gesetze in ihren Ländern ein.»

«Früher gab es eine vertrauensvolle Beziehung zwischen dem Kunden und seiner Bank», schreibt der kanadische Kriminologe und Experte für organisiertes Verbrechen Tom Naylor. «Heute gibt es eine vertrauensvolle Beziehung zwischen der Bank und den staatlichen Überwachern.» Die Durchsetzung der RICO-Gesetze wäre nicht möglich gewesen ohne die vorherige Verbreitung von Angst und Schrecken vor einem Verbrechersyndikat, das es so nur in unserer Vorstellung gibt. Davon ist Naylor überzeugt. Sein Kollege Carlo Morselli konnte selbst in der Struktur der Cosa Nostra keinen Beweis für eine streng hierarchische, «konspirativ agierende» Organisation finden.

«Die Geschichten vom Marks-Kartell und dass ich einer Verbrechensorganisation angehörte, waren nur der Rahmen, in den die Drogenbekämpfungsbehörde ihre gesammelten Beweise zu pressen versuchte», sagte Marks im «London Real»-Interview. Dieser Rahmen habe der DEA dazu gedient, ihren Anschuldigungen mehr Gewicht zu geben und eine möglichst hohe Strafe herauszuholen. Wenigstens was das Haus betraf, hatte er Glück. «Die Argumentation der DEA verwirrte die spanischen Gerichte.» Er lachte. «Die Spanier sagten dann: ‹Nee, nur weil er von dem Haus aus mal telefoniert hat, kann man's ihm nicht wegnehmen.›»

Er habe sich nicht als Verbrecher gesehen, sagte Marks. «Eher als Outlaw.» Als einen, der am Rand der Gesellschaft lebt, außerhalb ihrer Regeln und Gesetze. Geschadet habe er ihr nie. Im Gegenteil. «Mein Cannabis-Schmuggel hat mich nie auch nur eine schlaflose Nacht gekostet. Ich tat nichts Unmoralisches. Auf eine naive, idealistische Art war ich überzeugt, dass ich Gutes tat.» Ob er sich manchmal für Robin Hood gehalten habe, wurde er gefragt. Er lachte. «Nicht Robin Hood, nein. Ich habe nie die Reichen bestohlen.» Er sehe sich eher in der Rolle von «Hereward the Wake», Hereward dem Aufmerksamen. Ein angelsächsischer Nobelmann und Outlaw aus dem 11. Jahrhundert, der den örtlichen Widerstand (gegen die Normannen) leitete und «den Leuten die Augen öffnete». Ein Outlaw schulde der Gesellschaft nichts, weil er seinerseits nichts von ihr erwarte. Nach diesem Grundsatz habe er gelebt, sagte Marks.

Elon Musk, Mehrfachunternehmer und ab und zu reichster Mann der Welt, las als Kind gern «alle Superhelden-Comics, die ich bekommen konnte». Geschichten von Rettern mit übermenschlichen Kräften, die das Böse auf Erden ausrotten. Von Menschen, die ausziehen, um in fernen Galaxien ihr Glück zu finden und dieses Recht mit ihren Superwaffen gegen Außerirdische verteidigten. Solchen Geschichten hat sich Musk angesichts der von Klimaforschern angedrohten Endzeit mit seinem SpaceX-Programm verpflichtet. Er habe «keinerlei Interesse an den Fallstricken materiellen Besitzes», sagt Musk. Sein Reichtum diene dazu, die Menschheit zu retten. Also: allen. Seine SpaceX-Raketen seien schon bald bereit, Menschen zum Mars auszufliegen. «Wir wollen doch nicht eine von diesen Arten sein, die nur auf einem einzigen Planeten leben können. Wir wollen eine multiplanetare Art sein.»

Darstellungen von Selbstlosigkeit und Übermenschen-glaube helfen den Superreichen auch, Steuerzahlungen zu vermeiden, fand Robert Reich, Professor für Politik an der University of California in Berkeley und ehemaliger Ar-beitsminister der USA. «Sie bedienen sich dreier Mythen, um das zu rechtfertigen.» Erstens behaupteten sie, dass die Ärmeren von ihrem Reichtum profitieren, weil die Rei-chen mit ihren Investitionen Arbeitsplätze schaffen. Zwei-tens behaupteten sie, ihre Milliarden seien verdiente Früchte des freien Marktes, weil andere freiwillig für das bezahlten, was sie anbieten oder tun. Und drittens stilisier-ten sie sich als Supermenschen, die alles aus eigener Kraft geschafft haben und darum jeden Cent ihres Vermögens verdienen und keinem etwas schulden. Schon gar nicht ei-ner Gesellschaft, zu der sie sich nicht zählen.

«Die Gesellschaft – was soll das sein?», fragte die briti-sche Premierministerin Margaret Thatcher 1987 in einem Interview mit der Zeitschrift «Women's Own». Und gab die Antwort: «Es gibt keine Gesellschaft! Es gibt einzelne Männer und Frauen, und es gibt Familien. Eine Regierung hat keinerlei Handlungsmöglichkeit, außer durch diese Menschen. Darum muss jeder zuerst für sich selbst sor-gen.» Das klingt irgendwie vernünftig, geradezu fair. Da-mals begründete Thatchers Aussage weltweit eine neue Politik, die bis heute gilt. Mittlerweile besitzt ein Prozent der Weltbevölkerung etwa die Hälfte des weltweiten Ver-mögens, während mehr als die Hälfte der Weltbürger sich ein Prozent des Weltvermögens teilt.

Für Robert Reich sind die Mythen der Superreichen

«kompletter Unfug». «Erstens werden Arbeitsplätze durch Durchschnittsverdiener geschaffen. Vorausgesetzt, dass sie genug Geld verdienen, um die Produkte und Dienstleistungen, die sie produzieren, bezahlen und kaufen zu können. So treiben sie die Firmen dazu, mehr Leute einzustellen und höhere Löhne zu zahlen.» Zweitens kontrollierten und lenkten die Superreichen den sogenannten freien Markt über ihre Parteispenden zu ihren Gunsten. Drittens habe keiner von ihnen es nur aus eigener Kraft geschafft. «Jeffrey Bezos startete sein legendäres Garagenbusiness mit einem Startkapital von einer Viertelmillion – ihm zur Verfügung gestellt von seinen Eltern», schreibt Reich. Sie alle hatten das Glück, Kinder reicher Eltern zu sein. Oder sie hatten Verbindungen. Und wussten sie zu nutzen.

Als die amerikanische Einwanderungsbehörde ihn nach seiner Entlassung heim nach Großbritannien flog, fürchtete Marks sich vor dem, was ihn dort erwartete – unter anderem vor dem Finanzamt. Zehn Jahre zuvor, nach seiner ersten Verhaftung, hatten die britischen Beamten sein Schmugglereinkommen auf zwei Millionen Pfund geschätzt und seine Steuerschuld schließlich auf 60 000 Pfund festgelegt. Zähneknirschend. Sie vermuteten, dass er mehr verdient hatte, konnten es aber nicht beweisen. Nach Rücksprachen mit der DEA während seiner Inhaftierung hatte das britische Finanzamt deren Sicht akzeptiert: Marks habe mindestens zweihundert Millionen auf Konten im Ostblock geparkt, hatte die DEA versichert. «Der Fiskus will bestimmt seinen Anteil», fürchtete Marks. Zu Recht. Drogendealer und andere illegale Unternehmer sind vor dem Gesetz steuerpflichtig. Das Gesetz unterscheidet nicht nach Tätigkeit, nur nach dem Tatbestand. Illegale Unternehmer gelten als selbstständig. Sie haben eine Gewinnabsicht und nehmen am Wirtschaftsverkehr teil. Das gilt selbst für Auftragsmörder.

Nach Recht und Gesetz müssten illegale Unternehmer ein Gewerbe anmelden, ihren Kunden Rechnungen ausstellen und über alle Einnahmen und Ausgaben Buch führen. Es empfiehlt sich sogar. Erstens könnten sie ihre Auslagen (Verhandlungsreisen ins Drogen-Exportland, Bestechungsgelder, Waffenkäufe, Spezialreinigungskosten) steuerlich absetzen. Und zweitens kommt sonst womöglich eines Tages das Finanzamt oder die DEA, legt ein Fantasieeinkommen in Milliardenhöhe fest – und dann Gnade dem buchführungslosen Gott.

1997 sah «Großbritanniens beliebtester Dealer im Ruhestand» noch einmal Gelegenheit, seine Erfahrung, sein Können und – möglicherweise – seine Kontakte für legale oder zumindest staatlich sanktionierte Unternehmungen einzusetzen: Die britische Regierung suchte einen Drogenbeauftragten. Einen sogenannten Drogen-Zar. Howard Marks schickte sein Bewerbungsschreiben. Seine Erfahrung und Fähigkeiten beschrieb er, wie es Entrepreneuren geraten wird, stellenrelevant: «In der ersten Hälfte der Neunzigerjahre war ich beim US-Justizministerium angestellt, hatte vollen Zugang zur Sträflingsabteilung des Ministeriums und durfte die dort inhaftierten Drogenhändler unterrichten. Diese Aufgabe habe ich sieben Jahre lang wahrgenommen. Ich bin also in der Lage, einer geregelten

Arbeit nachzugehen … Jetzt würde ich gern mein Leben riskieren, ich würde es sogar opfern, um Sie dabei zu unterstützen, den gesamten illegalen Drogenhandel in diesem Land auszurotten. Ich bin zu hundert Prozent engagiert.» Der Personalmanager antwortete mit höflichem Bedauern. Es täte ihm leid, Marks nicht zum Vorstellungsgespräch einladen zu können. «Aber ich hoffe, dass Ihre Enttäuschung Sie nicht davon abhält, sich für andere Stellen zu bewerben, die das Kabinettsbüro in Zukunft ausschreiben wird.»

Vielleicht brauchte er nur das Geld. Bevor er 2016 an Darmkrebs starb, verdiente Marks seinen Lebensunterhalt mit Auftritten in Clubs und Bars. Ein-Mann-Shows, bei denen er einem begeisterten Publikum von seiner glamourösen illegalen Vergangenheit erzählte. Oder er las aus seiner 1996 veröffentlichten Autobiografie, «Mr Nice» – seine Dealer-Karriere als internationaler Bestseller. Mehr als eine Million verkaufte Exemplare weltweit. 2010 wurde Marks' Geschichte mit dem Waliser Rhys Ifans in der Hauptrolle verfilmt. «Die Tantiemen sind manchmal ein Lebensretter», sagte Marks. Dem Kriminologen Carlo Morselli dienten Howard Marks' und Sammy «The Bull» Gravanos Autobiografien als Grundlage für seine Forschung über illegale Unternehmen und Unternehmer. Er fand: Auch wenn diese Bücher von Kriminologen oft wegen ihres spontanen Stils, ihrer Anekdoten-Lastigkeit und ihrer subjektiven Sicht von Verbrechen abgetan werden, stellen sie doch eine wichtige Quelle dar. «Die kriminelle Autobiografie hat den Vorteil, dass sie einen Insiderblick auf die Laufbahn des Täters bietet.» Morselli wollte, jenseits des üblichen Stigmas und folkloristischer Vorstellungen, diese Laufbahnen verstehen. Was die Unternehmer antreibt. Was sie und ihre Unternehmen erfolgreich macht.

Kontakte. Gelegenheiten. Selbstwirksamkeit. Die Erfahrung, dass du wer bist und was kannst. Sie ist nicht nur für den Erfolg von kriminellen Geschäften entscheidend, fand Morselli. Sie entscheidet auch, welche kriminelle Karriere einer oder eine verfolgt. Ob er Anlagebetrüger wird. Menschenschmugglerin. Oder Drogendealer. Das ist eine Frage der persönlichen Voraussetzungen, der individuellen Erfahrungen und des speziellen Könnens. Wie im legalen Leben. Bestenfalls kann Selbstwirksamkeit helfen, dass ein Mensch gar nicht erst kriminell wird. Wenn er andere Erfahrungen machen kann, die ihn in eine andere Richtung lenken. Wenn Begegnungen ihm zu einem anderen, nicht kriminellen Selbstbild verhelfen. Und wenn er Gelegenheit bekommt, sich auf legale Art zu beweisen: jemand zu sein.

# Quellenangaben

Adler, Patricia, 1993. «Wheeling and Dealing», Columbia University Press

Agnew, Robert, 2006. «Pressured into Crime», Roxbury Publishing Co

Anderson, Elijah, 2001. «Code of the Street», W. W. Norton & Company

Archer J. Testosterone and human aggression: an evaluation of the challenge hypothesis. Neurosci Biobehav Rev. 2006;30(3):319–45. doi: 10.1016/j.neubiorev.2004.12.007. Epub 2005 Feb 25. PMID: 16483890

Arvedlund, Erin, 2009. «Madoff: The Man Who Stole $65 Billion», Penguin

Barash, David P., We are all Madoffs, 2009. Chronicle of Higher Education, https://www.chronicle.com/article/we-are-all-madoffs/?sra=true

Bernasco, Wim, 2010. «Offenders on Offenders – Learning About Crime from Criminals», Routledge

Braithwaite, John, 1989. «Crime, Shame & Reintegration», Cambridge University Press

Brezina, T. and Molinet, M., 2022. Criminal achievement, criminal self-efficacy, and the criminology of Carlo Morselli: suggestions for continuing and extending a fruitful line of inquiry. Global Crime, 23(1), pp.81–100.

Cecil, Dawn K., 2020. «Fear, Justice & Modern True Crime», Lynne Rienner

Coleman, J. S., 1988. Social capital in the creation of human capital. American journal of sociology, 94, pp. S95-S120.

Dean, J. (2023). Charity and Abuse: Fundraising and Symbolic Power in the Case of Jimmy Savile. Nonprofit and Voluntary Sector Quarterly, 0(0). https://doi.org/10.1177/08997640231174837

Ethical Systems, Stern Program, New York University, Webpage: https://www.stern.nyu.edu/experience-stern/about/depart ments-centers-initiatives/academic-departments/business-society-program/centers-initiatives#:~:text=Housed%20in%20 NYU%20Stern%27s%20Business,business%20in%20the%20 corporate%20world.

Fabiani, Michelle D., and Brandon Behlendorf. Cumulative Disruptions: Interdependency and Commitment Escalation as Mechanisms of Illicit Network Failure. Global Crime, vol. 22, no. 1, Jan. 2021, pp. 22–50. DOI.org (Crossref), https://doi.org/10.1080/17440572.2020.1806825.

Friedrichs, D.O., 2009. Trusted criminals. Cengage Learning.

Gash, Tom, 2017. «The Truth About Why People do Bad Things», Penguin

Gilligan, James, 2001, «Violence – Reflections on a National Epidemic», Pantheon Books Inc.

Green, P. and Grewcock, M., 2002. The war against illegal immigration: State crime and the construction of a European identity. Current Issues in Criminal Justice, 14(1), pp.87–101.

Greene, Joshua, 2015. «Moral Tribes», Atlantic Books

Haidt, Jonathan, 2013. «The Righteous Mind», Penguin

Henriques, Diana B., 2011. «Bernie Madoff – The Wizard of Lies», Henry Holt

Hirschi, Travis, 1990. «A General Theory of Crime», Stanford University Press

Jackall, Robert, 2003. The World of Corporate Managers. The Sociology of Organizations.

Katz, Jack, 1990. «Seductions of Crime», Basic Books; Reprint edition

Lambroso, Cesare, 2006. «Criminal Man», Duke University Press

Maher, L. and Daly, K., 1996. Women in the street-level drug economy: Continuity or change? Criminology, 34(4), pp.465–492.

Marks, Howard, 1997. «Mr Nice», Vintage

Marsh, I., Melville, G., Morgan, K., Norris, G. and Walkington, Z., 2007. Theories of crime. Routledge.

Merton, Robert K., 1992. «Criminology 2nd Edition», Houghton Mifflin Harcourt P

Messner & Rosenfeld, 2012. «Crime & The American Dream», Wadsworth

Morselli, Carlo, «Contacts, Opportunities, and Criminal Enterprise»; 2005, University of Toronto Press

Platt, Stephen, 2015. «Criminal Capital», Palgrave Macmillan

Punch, M., 2000. Suite violence: Why managers murder and corporations kill. Crime, law and social change, 33, pp.243–280.

Radden Keefe, Patrick, 2023. «The Snakehead», Picador

Richard, Keith, 2011, «Life: Keith Richards», W&N

Sanders, Bernie, 2003, «It's Okay To Be Angry About Capitalism», Allen Lane

Sapolsky, Robert, 2018. «Behave», Vintage

Schur, Edwin M., 1969. «Our Criminal Society», Prentice Hall Inc., Englewood Cliffs. N. J.

Sein, Andrew J. «The prosecution of Chinese organized crime groups: the Sister Ping case and its lessons.» Trends in Organized Crime 11 (2008): 157–182.

Sun, William; Stewart, Jim; Pollard, David. «Reframing Corporate Social Responsibility»; 2010, Emerald Group Publishing Limited

Vonnegut, K., 2020. Wampeters, Foma & Granfalloons:(opinions). Dial Press.

Walters, Barbara, 2011. Bernie Madoff Prison Interview, https://www.youtube.com/watch?v=ZTl9ULcowhc, ABC News

Walters, Barbara, 2011. Bernie Madoff Exclusive: Barbara Walters' Firsthand Account, ABC News

Weyer, Johann, 1563. «De Praestigiis Daemonum», Basel

Wright, Tom & Hope, Bradley, 2019. «Billion Dollar Whale», Scribe UK

Zhang, S. and Chin, K. L., 2002. Enter the dragon: Inside Chinese human smuggling organizations. Criminology, 40(4), pp.737–768.

Zhang, Sheldon X., et al. Women's participation in Chinese transnational human smuggling: A gendered market perspective*. Criminology, vol. 45, no. 3, Aug. 2007, pp. 699–733. DOI. org (Crossref), https://doi.org/10.1111/j.1745–9125.2007.00085.x.

# Personen

Lindner, Christian, Neue Strategie zur Bekämpfung der Organisierten Kriminalität und Geldwäsche, https://www.bundes
  finanzministerium.de/Content/DE/Pressemitteilungen/
  Finanzpolitik/2023/05/2023–05–03-zoll-strategie-bekaemp
  fung-organisierte-kriminalitaet-geldwaesche.html
Spahn, Jens, Spahn für «Gewalt» bei irregulärer Migration,
  https://www.zdf.de/nachrichten/politik/deutschland/medien-
  spahn-migration-gewalt-100.html

Originalausgabe
Veröffentlicht im Rowohlt Verlag, Hamburg, April 2024
Copyright © 2024 by brand eins Verlag Verwaltungs GmbH, Hamburg
Lektorat Gabriele Fischer, Holger Volland
Faktencheck Victoria Strathon
Projektmanagement Hendrik Hellige
Die Nutzung unserer Werke für Text- und Data-Mining
im Sinne von § 44b UrhG behalten wir uns explizit vor.
Covergestaltung Mike Meiré / Meiré und Meiré
Satz aus der Sabon bei Pinkuin Satz und Datentechnik, Berlin
Druck und Bindung GGP Media GmbH, Pößneck
ISBN 978-3-98928-012-0